Michael Wegener · Klaus Spiekermann

Mikrocomputer-graphik

Eine Unterprogrammsammlung für
FORTRAN und GKS

Mit 36 Abbildungen

Springer-Verlag
Berlin Heidelberg New York
London Paris Tokyo

Dr.-Ing. Michael Wegener
cand. ing. Klaus Spiekermann

Institut für Raumplanung
Universität Dortmund
Postfach 50 05 00
D-4600 Dortmund 50

ISBN-13:978-3-540-51015-4   e-ISBN-13:978-3-642-74661-1
DOI: 10.1007/978-3-642-74661-1

CIP-Titelaufnahme der Deutschen Bibliothek
Wegener, Michael:
Mikrocomputertechnik: eine Unterprogrammsammlung für
FORTRAN und GKS / Michael Wegener; Klaus Spiekermann.
- Berlin; Heidelberg; New York; London; Paris; Tokyo:
Springer, 1989
ISBN-13:978-3-540-51015-4

NE: Spiekermann, Klaus:

2142/7130-543210

Inhalt

1 Einleitung

"Solving a problem simply means representing it so as to
make the solution transparent."

Herbert A. Simon: "The Sciences of the Artificial", 1969

Ein Großteil allen wissenschaftlichen Arbeitens besteht darin,
einen Stoff anders als bisher darzustellen. Wie in der Mathematik
ein Ergebnis aus einer Folge zulässiger Transformationen der Aus-
gangsgleichung, so ergibt sich auch in vielen anderen Wissenschaftsdisziplinen eine Schlußfolgerung oft aus einer einleuchten-
den Darlegung der problemrelevanten Sachverhalte. In beiden Fällen wird der behandelte Gegenstand nicht verändert, sondern
lediglich in eine Form gebracht, die neuartige Einsichten über ihn
ermöglicht.

Das gilt für die Natur- und Ingenieurwissenschaften ebenso
wie für die Sozial- und Wirtschaftswissenschaften. Zum Verständnis
von Sachverhalten und Zusammenhängen und der aus ihnen resultierenden Probleme sowie zur Identifizierung von Lösungen zu
deren Bewältigung genügt es nicht, möglichst viele Informationen
zu sammeln. Vielmehr ist es erforderlich, diese Informationen so
zu filtern, zusammenzufassen und schließlich darzustellen, daß sie
von allen am Forschungsprozeß Beteiligten nachvollzogen werden
können.

Hierbei ergänzen sich textliche, numerische und graphische Darbietungsformen. Vor allem bei komplexen Sachverhalten erweisen sich graphische Darstellungen in Form von Schaubildern, Diagrammen und Karten als besonders wirkungsvoll. Deren manuelle Herstellung ist jedoch mit großem Aufwand verbunden. Daher werden Schaubilder, Diagramme und Karten in Projekt- und Forschungsberichten, Diplomarbeiten und Dissertationen bisher nicht so häufig verwendet, wie es nützlich und erforderlich wäre.

Die zunehmende Verbreitung von Mikrocomputern und ihre wachsende Verfügbarkeit auch für die Lehre an Schulen und Hochschulen könnte dazu beitragen, diese Situation zu verbessern. Mikrocomputer erlauben bereits bei relativ geringem Geräteaufwand die Erzeugung optisch anspruchsvoller Graphiken, deren Qualität für Projektberichte und Diplomarbeiten und in der Regel selbst für Forschungsberichte und Dissertationen ausreicht, deren Herstellung jedoch weitaus weniger aufwendig ist als bei manueller Anfertigung. Entscheidend ist dabei vor allem, daß beim Arbeiten mit dem Computer sehr schnell zahlreiche Varianten einer Darstellung durchgespielt werden können, was besonders für wenig erfahrene Benutzer ein experimentelles Herantasten an eine gute Darstellung möglich macht.

Es gibt verschiedene Wege, sich den Zugang zu eigenen graphischen Darstellungen mit dem Mikrocomputer zu erschließen. Ihre Vor- und Nachteile werden im folgenden dargestellt:

- Die naheliegendste Möglichkeit besteht darin, gekaufte oder an der Schule oder Hochschule verfügbare graphische Programmpakete zu verwenden. Beispiele für derartige Programmpakete sind MS-CHART oder AUTOCAD. Ihre Anwendung erfordert keine Kenntnisse einer Programmiersprache, die Benutzereingabe besteht in der Regel im Auswählen der gewünschten Funktion aus einer Liste von Möglichkeiten (dem sogenannten 'Menü'). Der Nachteil dieses Weges liegt neben dem zumeist hohen Preis der Software in der Beschränkung der graphischen Möglichkeiten auf die in die Software fest eingebauten Standardlösungen: individuelle Wünsche können nicht verwirklicht werden. Außerdem können diese Programmpakete in der Regel nur zeichnen, das heißt jede Datenaufbereitung wie etwa Aggregation oder Auswahl der darzustellenden Informationen hat in einem gesonderten Programm vorab zu erfolgen.

- Eine andere, ebenfalls sehr leicht zu realisierende Möglichkeit besteht darin, die in einigen Programmiersprachen enthaltenen Graphikbefehle zu nutzen. Das mit den meisten PC-XT/AT mitgelieferte GW-BASIC zum Beispiel verfügt über Befehle zum Zeichnen von Geraden, Kreisen und Ellipsen, zum Flächenfüllen usw. Der Vorteil von in die Programmiersprache integrierten Graphikbefehlen liegt darin, daß beim Vorliegen entsprechender Programmierkenntnisse die Ergebnisse von Berechnungen unmittelbar graphisch ausgegeben werden können, was nicht zuletzt zum schnellen Auffinden von Programmierfehlern von unschätzbarem Wert ist. Der Nachteil der Graphik mit GW-BASIC ist, daß maximal Auflösungen bis 640x200 Bildpunkten verarbeitet werden können, und das ist für anspruchsvollere Zeichnungen zu grob. Außerdem ist GW-BASIC eine veraltete und zum schlechten Programmieren anleitende Sprache. Beide Nachteile gelten nicht für modernere BASIC-Dialekte wie etwa TrueBASIC. Einen umfangreichen Katalog von Graphikbefehlen enthält auch die Version 4.0 von TURBO-PASCAL.

- Alle bisher genannten Möglichkeiten haben jedoch den Nachteil, daß ihre Graphikbefehle hersteller- und maschinenspezifisch und damit nicht standardisiert sind. Das bedeutet, daß beim Übergang auf einen anderen Gerätetyp, zum Beispiel eine unter dem Betriebssystem UNIX arbeitende graphische Workstation, in der Regel sämtliche Graphikbefehle zu ändern sind. Ein dritter Weg zur Erzeugung von Graphiken mit Mikrocomputern zielt daher darauf ab, geräteunabhängige normierte Graphikfunktionen in eine Standardprogrammiersprache einzubetten. Dies ist mit dem **Graphical Kernel System (GKS)** möglich. GKS ist der erste internationale Standard für Computergraphik, der sich in Zukunft wahrscheinlich weltweit durchsetzen dürfte. Bereits jetzt gibt es GKS für die Programmiersprachen FORTRAN, PASCAL, ADA und C in Form definierter Schnittstellen bzw. Aufrufkonventionen. Bei Beachtung dieser Konventionen ist es möglich, jedes in einer dieser Sprachen geschriebene Graphikprogramm fast ohne Änderungen auf Großrechnern, Mini- oder Mikrocomputern und mit den verschiedensten graphischen Ein- und Ausgabegeräten auszuführen.

In diesem Buch wird der dritte Weg beschritten. Und zwar wird GKS in Verbindung mit der Programmiersprache FORTRAN77 benutzt. Die Gründe hierfür sind die folgenden:

- FORTRAN ist traditionell eine in vielen Wissenschaftsdisziplinen verwendete Programmiersprache. Der überwiegende Teil aller weltweit für wissenschaftliche Zwecke geschriebenen Programmpakete ist in FORTRAN abgefaßt. In den neueren Versionen von FORTRAN, insbesondere in dem zukünftigen FORTRAN88, sind alle Elemente neuerer Programmiersprachen enthalten.

- In FORTRAN eingebettete Versionen von GKS sind auf den meisten an Hochschulen verwendeten Großrechenanlagen, Minicomputern und Workstations verfügbar.

Die Einbettung von GKS in FORTRAN erfolgt in Form einer Unterprogrammbibliothek, deren einzelne Module jeweils eine graphische Funktion ausführen. Somit kann der Benutzer aus einem von ihm geschriebenen FORTRAN77-Programm jede beliebige Abfolge von Graphikfunktionen aufrufen. Allerdings ist GKS lediglich, wie der Name sagt, ein graphisches Kernsystem, d.h. es enthält zwar alle erforderlichen graphischen Funktionen, aber nur in der Form elementarer Einzelschritte (sogenannter 'primitives'). In anderen Worten, im Vergleich zu Sprachen mit integrierten Graphikbefehlen wie GW-BASIC oder TURBO-PASCAL ist das Programmieren in GKS umständlich. Deshalb gehört zu jeder problemspezifischen GKS-Implementation eine sogenannte Anwendungsschicht (application layer), in der die am häufigsten auftretenden Abfolgen von graphischen Elementarfunktionen in geeigneter Form zusammengefaßt werden.

Eine solche Anwendungsschicht zur Erzeugung einfacher monochromer graphischer Darstellungen für wissenschaftlich-technische Aufgaben mit FORTRAN und GKS wird in diesem Buch vorgestellt.

Als Host-Programmiersprache wurde der FORTRAN77-Compiler der University of Waterloo, Ontario, Canada, WATFOR-77 mit der dazugehörigen GKS-Unterprogrammbibliothek WATCOM GKS ausgewählt. Diese von der Firma Watcom Systems Inc., Waterloo, Ontario, Canada vertriebene Software ist an den meisten Hochschulrechenzentren der Bundesrepublik als Campuslizenz verfügbar. Die Anwendungsschicht hat die Form einer Sammlung von FORTRAN77-Unterprogrammen, welche ihrerseits die Unterprogramme von WATCOM GKS aufrufen. Die Unterprogramme der Anwendungsschicht fassen als Makrobefehle ('macros') jeweils mehrere GKS-Aufrufe zusammen. Hierdurch wird das Verwenden der GKS-Elementarfunktionen für den Benutzer weitestgehend überflüssig. Natürlich ist es nach wie vor möglich, anstelle der Makro-Unterprogramme die GKS-Unterprogramme direkt aufzurufen.

Zur Anwendung dieser Unterprogrammsammlung wird ein Mikrocomputer vom Typ IBM-XT/AT mit 640 KB Arbeitsspeicher, einer HERCULES-Monochrom- oder EGA-Farbgraphikkarte und zwei Diskettenlaufwerken oder einem Diskettenlaufwerk und einer Festplatte sowie ein Matrixdrucker mit neun Drucknadeln benötigt. Als Software ist die Programmierumgebung von WATFOR-77 mit Compiler, Editor, Runtime-Bibliothek und GKS-Bibliothek erforderlich (Coshi und Schueler, 1985, 1986, Yach, 1986).

Die gegenwärtige Version 1.3 von WATCOM GKS entspricht der GKS Leistungsebene 0a. Auf dieser untersten Leistungsebene sind noch keine graphischen Eingaben etwa mit Lichtstift, Maus oder Fadenkreuz möglich, und von den Ausgabefunktionen sind nur die wichtigsten realisiert. So gibt es bisher keine Segmente und keinen Segmentspeicher, mit denen man einzelne Bildelemente als Ganzes manipulieren kann. Dennoch lassen sich bereits mit dieser Version komplexe und wirkungsvolle Graphiken erzeugen, mehr noch, es erschien sogar sinnvoll, auf einen Teil der Möglichkeiten der Software zunächst bewußt zu verzichten:

Hauptziel bei der Entwicklung der Unterprogrammsammlung war es, mit der einfachsten, am weitesten verbreiteten Hardware und mit dem geringsten Programmieraufwand für Projektberichte,

Diplomarbeiten, Arbeitspapiere usw. ausreichend detailreiche Graphiken erzeugen zu können. Aus diesem Grund wurde bei der Entwicklung der Unterprogramme von folgenden Gesichtspunkten ausgegangen:

- Sparsamer Gebrauch von Farbe. Obwohl Farbmonitore heute vielfach verfügbar sind, sind Farbplotter und Farbdrucker noch immer sehr teuer. Außerdem ist eine Vervielfältigung farbiger Vorlagen aus Kostengründen in der Regel nicht möglich. Deshalb wurden bevorzugt solche Techniken entwickelt, bei denen sich Bildelemente durch Strichart, Strichstärke, Schraffur usw. anstatt durch Farbe unterscheiden. Auch aus didaktischen Gründen schien eine Beschränkung auf überwiegend monochrome Techniken gerechtfertigt, da ihre Beherrschung eine Voraussetzung für den sinnvollen Einsatz von Farbe ist.

- Bevorzugte Programmierung für die HERCULES-Karte. Die monochrome HERCULES-Graphikkarte mit ihrer Auflösung von 720x348 Bildpunkten ist die bei weitem preiswerteste Möglichkeit zur Erzeugung detailreicher Monochromgraphiken. Sie gehört entweder zur Erstausstattung vieler PC-kompatibler Mikrocomputer oder läßt sich für weniger als 200 DM nachrüsten und paßt zu jedem monochromen Monitor. Darüber hinaus wurden sämtliche Unterprogramme jedoch auch an die EGA-Graphikkarte mit 640x350 Bildpunkten angepaßt. In Verbindung mit einem Monochrom-Monitor können mit dieser Karte bis zu drei Graustufen, in Verbindung mit einem Farbmonitor bis zu fünfzehn Farben dargestellt werden.

- Ausgabe auf dem Matrixdrucker. Sämtliche in diesem Buch gezeigten Graphikbeispiele wurden auf einem preiswerten Nadeldrucker mit neun Drucknadeln (Emulation IBM Graphics Printer) als direkte Hardcopy vom Graphik-Bildschirm erzeugt. Bei Einstellung von 120 Bildpunkten je Zoll (dpi) horizontal und 9 Zeilen je Zoll (lpi) vertikal ergibt dies eine nahezu unverzerrte Bildpunkt-für-Bildpunkt-Wiedergabe des HERCULES-Bildschirms im Format von etwa 15x12 cm.

Diese Möglichkeiten der Bildschirm- und Druckerausgabe stellen jedoch nur den augenblicklichen Stand dar. Mit Hilfe entsprechender Gerätetreiber können Bildschirme mit höherer Auflösung oder Matrixdrucker mit 24 Drucknadeln oder Laserdrucker als GKS-Workstations definiert werden. Es ist damit zu rechnen, daß in zukünftigen Versionen von WATCOM GKS derartige Gerätetreiber zur Verfügung stehen werden.

Eine grundlegende Einschränkung gilt jedoch für die Verwendung vektororientierter Ausgabegeräte wie Trommel- oder Flachbettplotter. Wegen der Verwendung spezifischer Rastertechniken wie Löschen oder Überschreiben von Bildelementen können Vektorplotter in Verbindung mit der Unterprogrammsammlung nur eingesetzt werden, wenn auf diejenigen Unterprogramme, in denen diese Techniken benutzt werden, verzichtet wird, d.h. wenn keine mehrfachen Flächenfüllungen und 'Blackout-Techniken' verwendet werden. Aus diesem Grunde wäre das ideale Ausgabegerät ohne Zweifel der Laserdrucker.

Das vorliegende Buch gibt einen Überblick über die Anwendungsmöglichkeiten der insgesamt 72 Unterprogramme. Diese reichen von einfachen Zeichenroutinen bis zu komplexen Algorithmen für dreidimensionale Darstellungen. Typische Aufrufe des größten Teils von ihnen und die daraus resultierenden graphischen Ergebnisse werden in 12 Demonstrationsprogrammen illustriert. Diese sind weitgehend selbsterklärend, deshalb sind ihnen nur kurzgefaßte Erläuterungen vorangestellt. Dasselbe gilt auch für die nachfolgenden Auflistungen der Unterprogramme selbst. Daran anschließend folgt eine Zusammenstellung bisher entstandener Anwendungsbeispiele aus unterschiedlichen Aufgabenstellungen in Form von Schaubildern, Diagrammen und Karten.

Das Buch ist weder eine Einführung in die graphische Datenverarbeitung noch in die Philosophie von GKS. Das Literaturverzeichnis verweist auf eine Reihe grundlegender neuerer Texte zu beiden Themen. Gute englischsprachige Einführungen in die Grundprinzipien und wichtigsten Programmiertechniken zur Erzeugung von Computergraphiken sind Newman und Sproull (1979), Foley und van Dam (1982), Myers (1982), Harrington (1983), Park

8

(1985) und Rogers (1985). Myers (1983) und Newman und Sproull (1986) sind auch in deutscher Übersetzung verfügbar. Bowyer und Woodwark (1983) ist eine Fundgrube effizienter Algorithmen für geometrische Berechnungen, wie sie bei der Programmierung von Computergraphiken benötigt werden. Park (1985) enthält eine sehr gute Übersicht über die bei dreidimensionalen Darstellungen auftretenden geometrischen Transformationen. Einführungen in GKS sind in Encarnacao u.a. (1987), Encarnacao und Straßer (1988), Bechlars und Buhtz (1986), Purgathofer (1985) und Nicolovius (1986) enthalten. Enderle u.a. (1987) ist das maßgebliche Standardwerk über den Stand der Normung von GKS.

Battys Buch (1987) verdient eine besondere Bemerkung. Geschrieben nicht von einem Computerwissenschaftler, sondern von einem an mathematischen Modellen interessierten Raumplaner, ist es ein anregender und durch viele Beispiele illustrierter Streifzug durch die Welt der Computergraphik und Computerkunst, mit Exkursen zu Themen wie Entwurfstheorie, fraktale Strukturen oder stochastische Prozesse. Battys These, daß jede Abbildung auch ein Modell ihres Gegenstands ist, macht das Buch - im Sinne des Zitats am Anfang dieser Einleitung - interessant. Insofern hat es als Anregung für die hier vorgestellten Graphikprogramme gedient.

Die in diesem Buch zusammengefaßten Programme entstanden am Institut für Raumplanung der Universität Dortmund, ursprünglich, um dem Mangel an leicht zugänglicher Graphiksoftware für Studenten der Raumplanung abzuhelfen. Die ersten Erfahrungen mit der Anwendung der Unterprogramme stammen deshalb aus dem Fachbereich Raumplanung der Universität Dortmund. Heinz-Jürgen Bremm, Fritz Gnad und Klaus Spiekermann sowie die Studenten des Projekts F-02 (1987/88) erprobten eine Vorabversion und gaben wertvolle Hinweise auf Fehler und Verbesserungsmöglichkeiten.

Inzwischen hat sich gezeigt, daß die Anforderungen an Graphik-Software in vielen Wissenschaftsdisziplinen ähnlich sind. Deshalb werden die Programme in diesem Buch einem größeren potentiellen Anwenderkreis zugänglich gemacht. Das Buch richtet sich in erster Linie an Studenten und Wissenschaftler aus Natur-, Ingenieur-, Sozial- und Wirtschaftswissenschaften, aber auch an Schüler der Sekundarstufe II und ernsthafte Hobbyprogrammierer. Um die vielfältigen Nutzungsmöglichkeiten der Programme zu dokumentieren, wurde die Zahl der Anwendungsbeispiele im Kapitel 4 für diese Veröffentlichung erheblich erweitert. Die meisten Anwendungsbeispiele wurden von Klaus Spiekermann entwickelt und programmiert.

Allen, die durch Kritik und Anregungen zur Entwicklung der Programme beigetragen haben, sei an dieser Stelle herzlich gedankt. Weitere Vorschläge für Verbesserungen und Ergänzungen sind sehr willkommen.

2 Demonstrationsprogramme

Die folgenden Demonstrationsprogramme zeigen typische Aufrufe der wichtigsten Unterprogramme der Sammlung und die aus ihnen resultierenden graphischen Ausgaben. Sie sind im wesentlichen selbsterklärend. Deshalb werden ihnen nur kurze Erläuterungen vorangestellt. Der beste Weg zum Kennenlernen der Anwendungsmöglichkeiten der Unterprogramme besteht darin, die Parameter der Aufrufe in den Demonstrationsprogrammen experimentell zu verändern und die graphischen Ergebnisse mit den hier wiedergegebenen zu vergleichen.

2.1 Festlegung des Bildausschnitts

GKS bietet vielfältige Möglichkeiten zur Steuerung des Bildausschnitts und des Abbildungsmaßstabs einer Darstellung. Sie werden hier nur auszugsweise angegeben.

Ein Ein- oder Ausgabegerät in GKS ist eine 'Workstation'. Jede Workstation hat ein Darstellungsfeld ('display area'), dessen linke untere Ecke durch die Koordinaten 0,0 und dessen rechte obere Ecke durch die Koordinaten 1,1 definiert werden. (Der erste Wert ist jeweils die horizontale oder X-Koordinate, der zweite die vertikale oder Y-Koordinate). Diese Koordinaten werden als 'standardisierte Gerätekoordinaten' ('normalized device coordinates') bezeichnet. Ein 'Viewport' definiert einen Teil des Darstellungsfelds in standardisierten Gerätekoordinaten; wird kein Viewport definiert, ist das ganze Darstellungsfeld der Viewport. Ein 'Window' definiert, welchen Koordinaten des abzubildenden Ausschnitts aus der Wirklichkeit in 'Weltkoordinaten' die Eckpunkte des Viewports entsprechen sollen. Viewport und Window definieren eine 'Bildtransformation' ('normalization transformation'). Jede Bildtransformation erhält eine Nummer. Es können mehrere Bildtransformationen definiert sein, jedoch kann stets nur eine von ihnen aktiv sein. Die GKS-Funktionen *gsvp* und *gswn* definieren einen Viewport und ein Window und *gselnt* selektiert eine Bildtransformation.

Ehe diese Unterprogramme zur Festlegung des Bildausschnitts jedoch aufgerufen werden können, muß GKS geöffnet werden (*gopks*) und die Workstation muß geöffnet (*gopwk*) und aktiviert (*gacwk*) werden. Das geschieht im Makro-Unterprogramm *igks* (3.1). In *igks* werden darüber hinaus noch andere GKS-Funktionen und Makro-Unterprogramme aufgerufen: Mit *giherc*, *giega15* oder *giega16* werden wahlweise die HERCULES-Karte oder die EGA-Karte mit monochromem oder farbigem Monitor initialisiert. Außerdem wird mit *gswn* ein formatfüllendes Fenster definiert. Abweichend vom GKS-Standard hat es den Koordinatennullpunkt in der Mitte des Bildschirms, und je nach dessen Seitenverhältnis reicht es von -0,625 links bis 0,625 rechts oder von -0,75 links bis 0,75 rechts, immer aber von -0,5 unten bis 0,5 oben (man beachte die Reihenfolge der Parametereingabe). Mit *setcolor* (3.3) wird entsprechend der vorhandenen Graphikkarte weiß auf schwarzem Hintergrund als Standardfarbe festgelegt - beim Ausdrucken erscheint dies natürlich umgekehrt als schwarz auf weiß. Mit *setprn* (3.2) wird der Graphik-Drucker initialisiert. Mit *igks* beginnt jedes Programm, in dem GKS verwendet wird. Desgleichen endet jedes GKS-Programm mit einem Aufruf von *cgks* (3.1), welches GKS schließt und Bildschirm und Drucker wieder zu alphanumerischen Geräten macht.

Diese Standardvorgaben können jederzeit durch weitere Aufrufe von *gsvp* und/oder *gswn* überschrieben werden. In *demo1* wird ein kleinerer Bildausschnitt definiert, um das Standard-Window etwas verkleinert darzustellen. Dies geschieht durch die Aufrufe von *line*, *dline* und *box*, die erst in 2.2 und 2.3 erläutert werden. Alle Zeichenelemente außerhalb des definierten Viewport/Windows werden automatisch abgeschnitten ('clipping'); soll dies nicht geschehen, ist *gsclip(1)* aufzurufen. Das ist hier zum Beispiel nötig, um die Koordinaten des Standard-Windows von außen an die Ecken des Windows anzutragen. Die verwendeten Befehle zur Erzeugung von Schrift werden in 2.4 erläutert. Bevor GKS mit *cgks* verlassen wird, wird die Bildschirmdarstellung mit *inverse* (3.3) invertiert, um zu zeigen, wie die Zeichnung beim Ausdrucken auf Papier schwarz auf weiß aussieht. Abbildung 1 zeigt die Ausgabe von *demo1*.

```
      program demo1
c
c     gswn, gsvp, gselnt, gsclip
c
      dimension wn(4),vp(4)
c
      call igks
      call gsvp(2,.1,.9,.1,.9)
      call gswn(2,-.625,.625,-.5,.5)
      call gselnt(2)
      call box(-.625,-.5,.625,.5,1,0,0,0)
      call tline(-.8,0.,0.,.8,.07,55,1,0,0,0)
      call line(-.625,0.,.625,0.,3)
      call line(0.,-.5,0.,.5,3)
      call line(.06,0.,0.,.06,3)
      call text(-.58,.2,1,45.,.04,1.,0.,'Default Window')
      call gothic8(.25,.03,.3,'X-Achse')
      call gothic8(.02,.25,.3,'Y-Achse')
      call gothic6(.02,-.04,.4,'0;0')
      call gsclip(1)
      call gothic6(-.72,.53,.4,'-0.625;0.5')
      call gothic6(.54,.53,.4,'0.625;0.5')
      call gothic6(-.72,-.55,.4,'-0.625;-0.5')
      call gothic6(.54,-.55,.4,'0.625;-0.5')
      call inverse(2)
      call cgks
      stop
      end
```

Das Unterprogramm *inverse* enthält zwei 'pause'-Anweisungen. Sie bewirken, daß das Programm anhält, um dem Benutzer Gelegenheit zu geben, die bisher erzeugte Darstellung zu betrachten. Die Ausführung wird erst fortgesetzt, wenn er die Taste RETURN oder

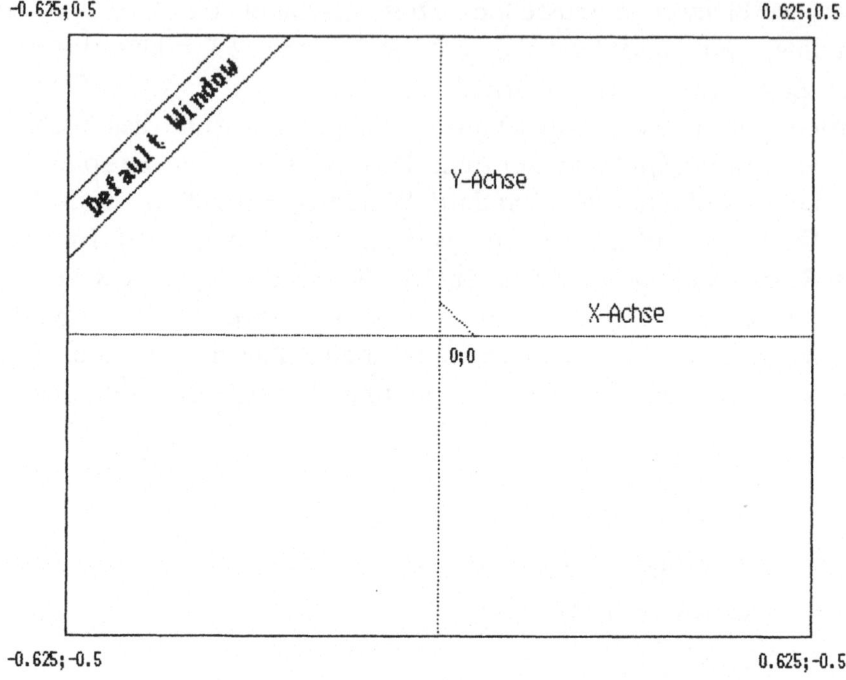

Abbildung 1. Die Ausgabe von *demo1* zeigt das in *igks* voreinge-stellte Standard-Window ('Default Window') mit zentralem Koor-dinatennullpunkt. Das kleine Dreieck bezeichnet den Quadranten zwischen den positiven X- und Y-Achsen.

ENTER drückt. Das Gleiche gilt für *cgks*, das heißt, die auf dem Bildschirm erzeugte Zeichnung bleibt solange stehen, bis der Benutzer in den Editor-Mode des Compilers zurückzukehren wünscht. Auch einige der nachfolgenden Demonstrationsprogramme enthalten 'pause'-Anweisungen. Sie müssen nach Fertigstellung einer Zeichnung durch RETURN oder ENTER wieder angestoßen werden.

2.2 Punkt- und Strichzeichnungen

Das Demonstrationsprogramm *demo2* zeigt verschiedene Möglichkeiten, mit GKS Zeichnungen aus geraden oder gekrümmten Linien zu erzeugen. Hierzu dienen die Makro-Unterprogramme *line*, *circle*, *ellipse*, *circarc* und *ellarc* (3.5). Mit *line* wird eine Gerade zwischen zwei Punkten gezeichnet, deren Koordinaten die ersten vier Parameter des Aufrufs darstellen. Der letzte Parameter gibt die Strichart an: durchgehend (1), gestrichelt (2), punktiert (3) oder strichpunktiert (4). Zum Zeichnen eines Kreises mit *circle* müssen die Koordinaten des Mittelpunkts und der Radius sowie ebenfalls die Strichart eingegeben werden, zum Zeichnen einer Ellipse mit *ellipse* die beiden halben Hauptachsen. Mit *circarc* und *ellarc* können Kreis- bzw. Ellipsenabschnitte gezeichnet werden; hierfür sind zusätzlich der Anfangs- und Endwinkel in Grad anzugeben. Alle Winkel werden entgegen dem Uhrzeigersinn von der positiven X-Achse aus gemessen.

Mehrere zusammenhängende Geradenabschnitte können auch mit dem Makro-Unterprogramm *pline* (3.5) gezeichnet werden. Bis auf den Strichartparameter entspricht *pline* der GKS-Funktion *gpl*.

Geschlossene Umrisse können ausgehend von einem Punkt in ihrem Inneren mit *paint* (3.6) vollflächig oder mit einem Muster oder einer Schraffur gefüllt werden. Die ersten beiden Parameter von *paint* dienen zur Angabe der Koordinaten des Ausgangspunkts.

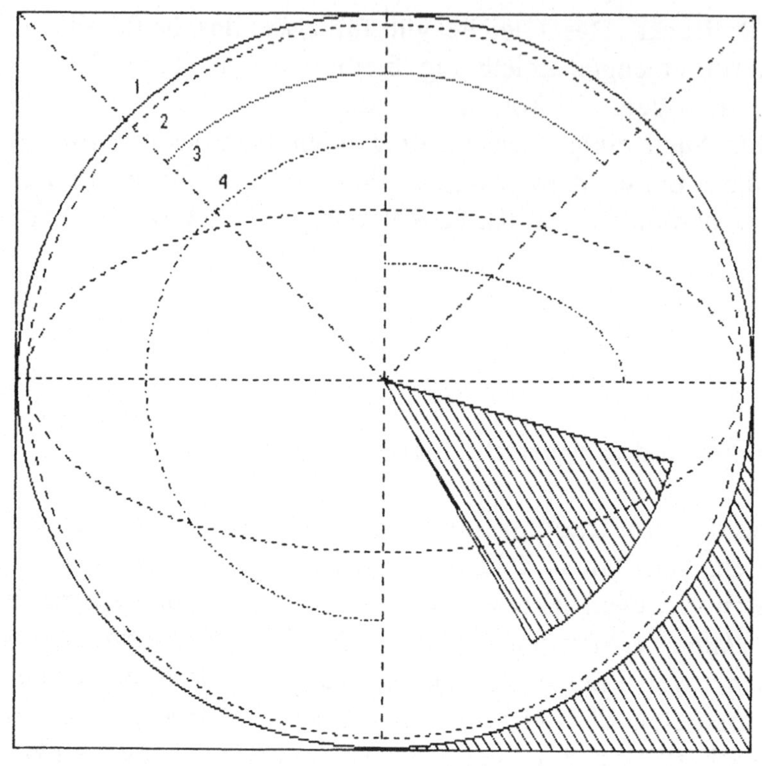

Abbildung 2. Die Ausgabe von *demo2* zeigt Beispiele für Strich-zeichnungen. Es gibt vier verschiedene Stricharten. Geschlossene Umrisse können durch *paint* gefüllt werden.

Zur Definition der Füllung dienen die letzten drei Parameter:

ici legt die Farbe der Füllung fest:

0 = schwarz (auf Papier: weiß)

1 = Standardfarbe (auf Papier: schwarz)

ist legt den Typ der Füllung fest:

0 = keine Füllung ('hollow')

1 = vollflächig ('solid')

2 = Muster ('pattern')

3 = Schraffur ('hatch')

jst legt die Dichte der Füllung fest:

1 (4) = eng

2 (5) = mittel

3 (6) = weit

Bei ist = 2 sind in WATCOM GKS nur zwei Muster definiert. Bei der EGA-Graphikkarte erscheinen sie als die beiden ersten Farben der Farbskala (siehe *setcolor* in 3.3), beim Betrieb mit Monochrom-Monitor blinkt deshalb das zweite Muster. Die Zahlen in Klammern in Verbindung mit ist = 3 resultieren in einer Kreuzschraffur. Die Füllung beginnt beim angegeben Punkt und setzt sich nach allen Seiten bis zur Umgrenzung der Fläche fort. Abbildung 2 zeigt die Ausgabe von *demo2*.

```
        program demo2
c
c       line, box, circle, ellipse,
c       circarc, ellarc, slice, paint
c
        call igks
        call line(-.494,0.,.494,0.,2)
        call line(0.,.494,0.,-.494,2)
        call line(0.,0.,-.494,.494,2)
        call line(0.,0.,.494,.494,2)
        call box(-.494,-.494,.494,.494,1,0,0,0)
        call circle(0.,0.,.494,1)
        call ellipse(0.,0.,.48,.48,2)
        call ellipse(0.,0.,.48,.23,2)
        call circarc(0.,0.,.415,45.,135.,3)
        call ellarc(0.,0.,.32,.32,90.,270.,4)
        call ellarc(0.,0.,.32,.16,0.,90.,4)
        call wedge(0.,0.,.4,.4,300.,345.,1,0,0,0)
        call paint(.2,-.2,1,3,3)
        call paint(.4,-.4,1,3,3)
        call gothic6(-.335,.38,0.,'1')
```

```
call gothic6(-.30,.335,0.,'2')
call gothic6(-.255,.29,0.,'3')
call gothic6(-.22,.255,0.,'4')
call inverse(2)
call cgks
stop
end
```

Zur Markierung von Datenpunkten oder Kurven in Diagrammen stellt GKS eine Reihe von vorprogrammierten Symbolen ('markers') zur Verfügung. Das Demonstrationsprogramm *demo3* gibt einen Überblick über die vorhandenen Symbole und die Wirkung des Skalierungsfaktors. Zuerst zeichnet das Programm die Eckpunkte eines Quadrats in der Mitte des Bildschirms und füllt es mit einer Zufallsfolge von Marken verschiedener Größe. Die verwendeten Makro-Unterprogramme sind *putdot* (3.5) und *putmk* (3.5). Die Auswahl, Anordnung und Skalierung der Symbole erfolgt mit Zufallszahlen, die mit dem Zufallszahlengenerator *rnd* (3.12) gewonnen werden. Anschließend werden die Marken eine nach dem anderen wieder gelöscht. Das geschieht dadurch, daß sie in derselben Reihenfolge noch einmal, aber diesmal mit der Strichfarbe 'schwarz' gezeichnet werden. Die gleiche Reihenfolge der Zufallszahlen wird dadurch erreicht, daß der Zufallszahlengenerator beide Male mit Hilfe von *setrnd* (3.12) mit derselben Zahl initialisiert wird. Zum Abschluß zeichnet das Programm eine Übersicht aller möglichen Marken in acht Größen. Zu beachten ist, daß die Größe der Symbole nur vom Skalierungsfaktor, nicht jedoch von den Koordinaten des aktuellen Windows abhängig ist. Abbildung 3 zeigt die Ausgabe von *demo3*.

```
      program demo3
c
c     putdot, putmk
c
      character*3 scfc
c
      call igks
      call putdot(-.4,.4,1)
      call putdot(-.4,-.4,1)
      call putdot(.4,.4,1)
      call putdot(.4,-.4,1)
      do 100 ici=1,0,-1
      call setrnd(123456789)
```

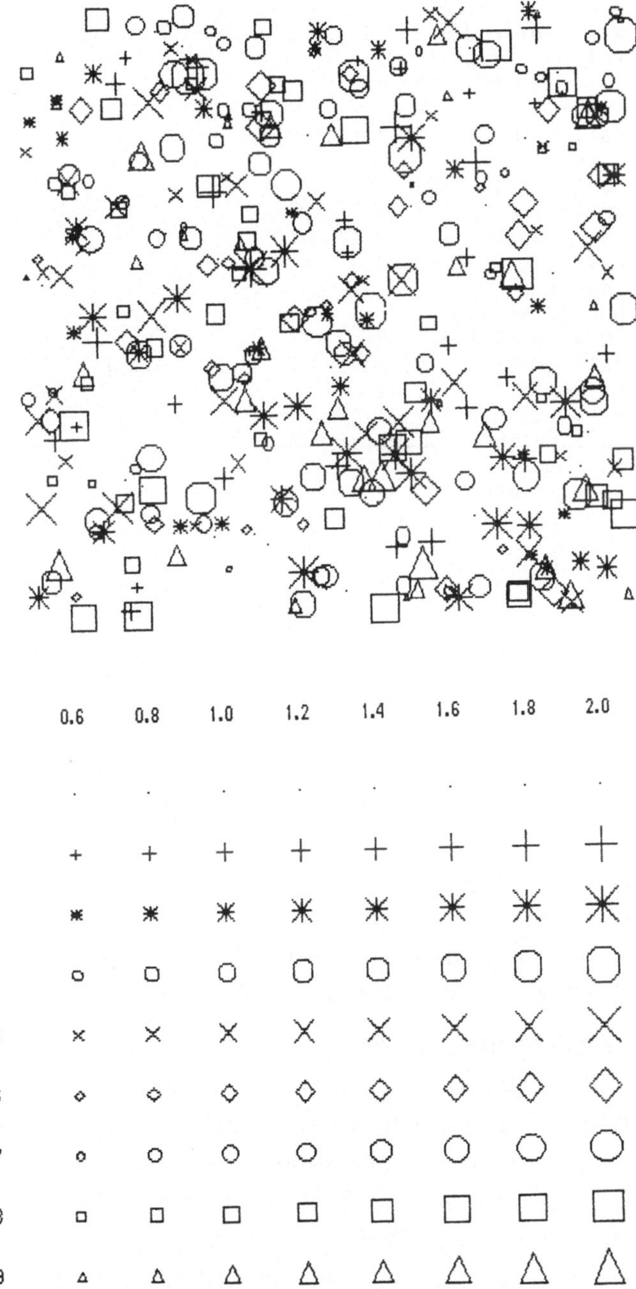

Abbildung 3. Die Ausgabe von *demo3* zeigt die verfügbaren Marken mit verschiedenen Skalierungsfaktoren.

```
      do 100  i=1,400
      mt = int(rnd()*9.)+1
      scf = .3+rnd()*1.7
      x = -.4+rnd()*.8
      y = -.4+rnd()*.8
      call putmk(x,y,mt,scf,ici)
100   continue
      do 200 scf=.6,2.,.2
      write (scfc,'(f3.1)') scf
      x0 = -.36+(scf-.6)/.2*.1
      call gothic6(x0,.38,0.,scfc)
200   continue
      do 300 mt=1,9
      y0 = .29-(mt-1)*.08
      call gothic6(-.46,y0-.01,0.,char(48+mt))
      do 300 scf=.6,2.,.2
      x0 = -.345+(scf-.6)/.2*.1
      call putmk(x0,y0,mt,scf,1)
300   continue
      call inverse(2)
      call cgks
      stop
      end
```

2.3 Flächen und Flächenfüllungen

Ein Nachteil von *paint* (3.6) ist, daß die auszufüllende Fläche leer und mit einer durchgehenden Linie umgrenzt sein muß. Dies verbietet es, die reichhaltigen Möglichkeiten der Flächenfüllung, wie sie die Rastertechnik bietet, zu verwenden.

Diese Möglichkeiten werden in der Unterprogrammsammlung durch die beiden Makro-Unterprogramme *polygon* (3.6) und *pmode* (3.4) erschlossen. Mit *polygon* ist es möglich, beliebige Polygonflächen unabhängig von ihrer Umrandung auszufüllen, und *pmode* erlaubt die Setzung des sogenannten Plotmode. Mit dem Plotmode wird festgelegt, in welcher Weise die nachfolgenden Zeichenbefehle mit dem Ergebnis der vorangegangenen Zeichenbefehle kombiniert werden sollen:

'r'   bedeutet, daß die vorhandene Zeichnung durch die neue Zeichnung ersetzt wird,

'x'   bedeutet, daß die Schnittflächen der vorhandenen und der neuen Zeichnung invertiert werden ('XOR'),

'a'   bedeutet, daß nur die Schnittflächen der vorhandenen und der neuen Zeichnung dargestellt werden ('AND'),

'o'   bedeutet, daß die vorhandene und die neue Zeichnung überlagert werden ('OR').

Durch geeignete Überlagerungen der bereits von *paint* bekannten Flächenfüllungen mit jeweils anderem *pmode* kann eine Vielzahl weiterer Schraffuren und Muster erzeugt werden. Ein Teil von ihnen ist bereits in *polygon* vorprogrammiert und braucht lediglich durch Variation der bereits bei *paint* erläuterten Parameter ici, ist und jst ausgewählt zu werden. Zusätzlich wird ein vierter Parameter lci verwendet:

lci   legt die Art der Umrandung fest:

    0 = keine Umrandung

    1 = durchgehend

    2 = gestrichelt

    3 = punktiert

    4 = strichpunktiert

Im Demonstrationsprogramm *demo4* wird am Beispiel des Makro-Unterprogramms *box* (3.6) gezeigt, welche Kombinationen von Umrandung und Flächenfüllung auf diese einfache Weise erzeugt werden können (siehe Abbildung 4). Durch jeden Aufruf von *box* wird mit Hilfe von *polygon* ein Rechteck mit oder ohne Ausfüllung gezeichnet. Unter jedem Rechteck steht die Kombination der vier genannten Parameter, mit der es erzeugt wurde:

- In der obersten Reihe sieht man die vier möglichen Arten von Umrandungen. Sie können mit jeder der darunter dargestellten Füllungen kombiniert werden. Die Parameterfolge 0,0,1,0 erzeugt eine 'schwarze Fläche', die zum Löschen vorhandener Zeichnungselemente verwendet werden kann. Diese 'Blackout-Technik' hat insbesondere für 3D-Darstellungen (siehe 2.7) große Bedeutung. Die Folge 0,1,1,0 bewirkt die vollflächige Ausfüllung des Rechtecks.

- Die ersten beiden Muster der zweiten Zeile sind die beiden von WATCOM GKS definierten Muster. Bei der EGA-Graphikkarte erscheinen sie als die beiden ersten Farben der Farbskala (siehe *setcolor* in 3.3), bei der EGA-Karte mit Monochrom-Monitor blinkt deshalb das zweite Muster.

- Die sechs Schraffuren der dritten Reihe sind die von WATCOM GKS definierten Schraffuren.

- Die letzten vier Muster der zweiten Rechteckzeile sowie die Schraffuren der vierten und fünften Zeile gehören nicht zu GKS, sondern werden durch Überlagerungen einfacherer Muster bzw. Schraffuren im Unterprogramm *polygon* (3.6) erzeugt.

```
        program demo4
c
c       box
c
        dimension icc(6,5),wn(4),vp(4)
c
        character a*7
c
        data icc /0010,1000,2000,3000,4000,0110,
     *            0121,0122,0123,0124,0125,0126,
     *            0131,0132,0133,0134,0135,0136,
     *            0141,0142,0143,0144,0145,0146,
     *            0151,0152,0153,0154,0155,0156/
c
        call igks
        call gqnt(1,ierr,wn,vp)
        dx = (wn(2)-wn(1))/90.
        dy = (wn(4)-wn(3))/25.
        call gsparf(wn(1),wn(3))
        do 100 ir=1,5
        y0 = wn(3)+(5-ir)*dy*5.+dy*1.1
        do 100 is=1,6
        x0 = wn(1)+(is-1)*dx*15.
        write (a,'(i4.4)') icc(is,ir)
        read(a,'(4i1)') lci,ici,ist,jst
        call box(x0,y0,x0+dx*13.3,y0+dy*3.8,lci,ici,ist,jst)
        write(a,'(i1,3('','',i1))') lci,ici,ist,jst
        call gothic6(x0+dx*3.8,y0-dy*.8,.1,a)
100     continue
        call inverse(2)
        call cgks
        stop
        end
```

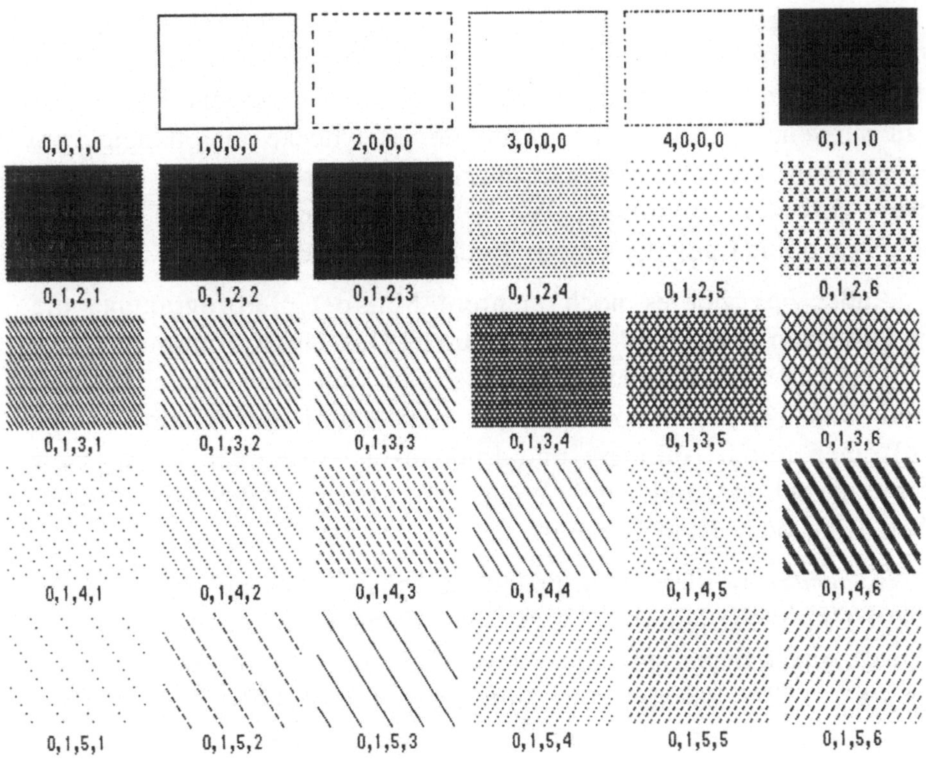

Abbildung 4. Die Ausgabe von *demo4* zeigt alle möglichen Umrandungen und Ausfüllungen von Flächen. Jede Umrandung kann mit jeder Ausfüllung kombiniert werden. Die Zahlen unter den Rechtecken sind die zur Definition der Umrandungen und Ausfüllungen benötigten Parameter. Die Parameterkombinationen 0,0,1,0 und 0,1,1,0 erzeugen die 'schwarze' bzw. die 'weiße' Fläche.

Das Programm zeigt übrigens, wie man mit der GKS-Funktion *gqnt* die Koordinaten der gerade aktiven Bildtransformation ermitteln kann. Hier werden die Eckkoordinaten des aktuellen Windows dazu verwendet, die Abmessungen der Rechtecke unabhängig vom verwendeten Bildschirmformat festzulegen. Mit der GKS-Funktion *gsparf* wird der Nullpunkt aller Schraffuren und Muster ('pattern reference point') auf die untere Bildecke gelegt.

Außer *box* gibt es noch mehrere Makro-Unterprogramme, die mit Hilfe von *polygon* Flächen zeichnen: Das Unterprogramm *frame* (3.6) erzeugt einen rechteckigen Rahmen mit oder ohne äußeren Rand, *disk* (3.6) eine kreisförmige oder elliptische Scheibe, *wedge* (3.6) einen durch Anfangs- und Endwinkel bestimmten Kreis- oder Ellipsenausschnitt und *ring* (3.6) einen kreisförmigen oder elliptischen Ring oder Ringabschnitt.

In *demo5* werden verschiedene mögliche Anwendungen dieser Makro-Unterprogramme gezeigt. Das Demonstrationsprogramm ist zugleich ein Beispiel für die Anwendung des Zufallszahlengenerators *rnd* (3.12). Mit den von ihm erzeugten Zufallszahlen werden nicht nur die Werte der vier Flächenfüllparameter lci, ici, ist, jst, sondern auch die Auswahl und Anzahl der auf einem Feld zu zeichnenden Formelemente sowie der Überlagerungsmodus mit *pmode* (3.4) festgelegt, bei Verwendung der EGA-Graphikkarte auch die Farbe mit *setcolor* (3.3). Das Programm läuft ohne äußeren Eingriff längere Zeit. Bei Berühren einer beliebigen Taste hält es an, RETURN setzt es wieder in Gang. Nach jedem Anhalten wird die Bildschirmdarstellung mit *inverse* (3.3) invertiert. Die Eingabe von 'e' beendet die Ausführung. Durch *setrnd* (3.12) wird der Zufallszahlengenerator mit Hilfe der aktuellen Systemzeit des Computers initialisiert, darum entsteht bei jedem Start von *demo5* eine neue Folge von Bildern. Die Abbildungen 5 und 6 zeigen einige Beispiele.

```fortran
      program demo5
c
c     box, frame, disk, wedge, ring
c
      common /color/ icolor
c
      dimension wn(4),vp(4),qm(4)
c
      character qm*1,kb*15
c
      data qm /'r','x','a','o'/
c
      call igks
      call gqnt(1,ierr,wn,vp)
      h = wn(4)-wn(3)
      uk = wn(3)+h*.01
      a = h*.251
      b = h*.235
      bh = b*.5
      d = h*.03
      call gsparf(wn(1),wn(3))
      call setrnd(0)
      ica = icolor
      do 100 k=1,1000
      do 100 ir=1,4
      y0 = uk+(4-ir)*a
      y1 = y0+b
      ym = y0+bh
      do 100 is=1,4
      x0 = uk+(is-1)*a
      x1 = x0+b
      xm = x0+bh
      if (rnd().gt..5) call box(x0,y0,x1,y1,0,0,7,0)
      nt = rnd()*3.+1.
      do 100 it=1,nt
      ip = rnd()*5.+1.
      lci = rnd()*2.
      if (lci.gt.0) lci = rnd()*4.+1.
      ici = rnd()*3.
      if (ici.eq.2) ici = ica
      if (ici.eq.1) ici = rnd()*14.+1.
      call setcolor(ici)
```

Seiten 26 und 27:

Abbildungen 5/6. Die Ausgabe von *demo5* zeigt jedesmal neue
Kombinationen von *box, frame, disk, wedge, ring*.

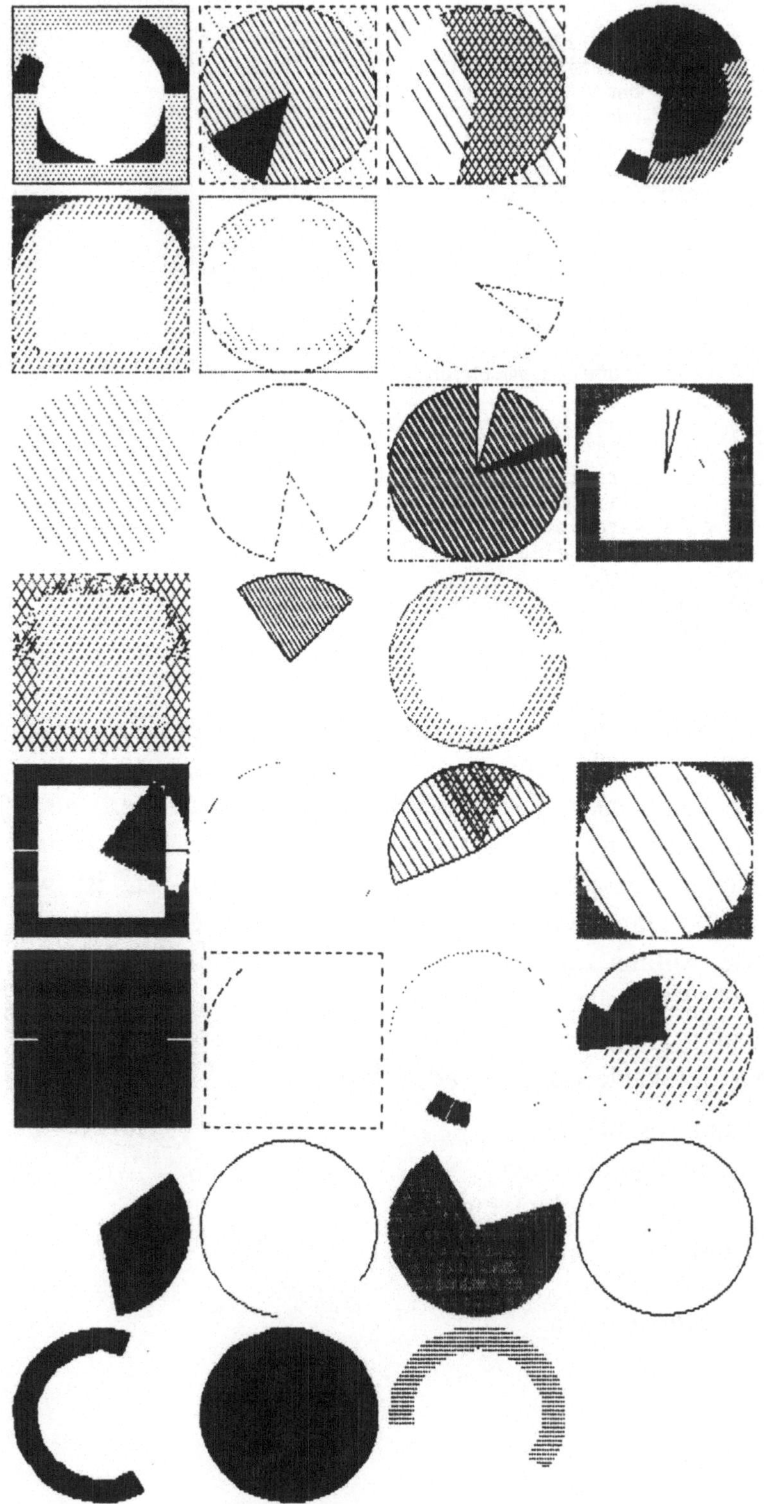

```
       ist = rnd()*5.+1.
       jst = rnd()*6.+1.
       al = rnd()*360.
       bt = rnd()*360.
       m = rnd()*4.+1.
       call pmode(qm(m))
       goto (101,102,103,104,105),ip
101    call box(x0,y0,x1,y1,lci,ici,ist,jst)
       goto 106
102    call frame(x0,y0,x1,y1,d,lci,ici,ist,jst)
       goto 106
103    call disk(xm,ym,bh,bh,lci,ici,ist,jst)
       goto 106
104    call wedge(xm,ym,bh,bh,al,bt,lci,ici,ist,jst)
       goto 106
105    call ring(xm,ym,bh,bh,d,al,bt,lci,ici,ist,jst)
106    if (keybd().eq.0) goto 100
       call inkey(n,kb)
       if (kb(1:1).eq.'e') goto 90
       call setcolor(ica)
       call inverse(1)
100    continue
 90    call cgks
       stop
       end
```

Zwei weitere Makro-Unterprogramme dienen zur Erzeugung flächenhafter 'dicker' Linien: dabei entspricht *tline* (3.6) *line* (3.5) und *tpline* (3.6) *pline* (3.5). In beiden Fällen werden zusätzliche Parameter benötigt: Zur Festlegung der Art der Füllung und des Rands dienen dieselben vier Parameter lci, ici, ist, jst wie bei *polygon* (3.6). Daneben ist ein weiterer Parameter erforderlich, der angibt, wie Anfang und Ende und die Knickpunkte der Linie ausgebildet werden sollen. Hierzu dient eine bis zu dreistellige Zahl. Deren beiden letzten Stellen legen die Ausbildung des Anfangs und des Endes der Linie oder Geraden fest:

1 = rund geschlossen
2 = stumpf geschlossen
3 = senkrecht geschlossen
4 = rund offen
5 = stumpf offen
6 = senkrecht offen

Die erste Stelle (nur bei *tpline*) legt fest, wie die Knickpunkte der Linie ausgebildet werden sollen:

0 = rund ('ball')
1 = eckig ('flash')

Einen kleinen Teil der mit *tpline* möglichen Linientypen und die dabei verwendeten Parameterkombinationen zeigt *demo6*. Die Ausgabe von *demo6* zeigt Abbildung 7.

```
        program demo6
c
c       tpline
c
        dimension x(4),y(4),xd(4),yd(4),
       *ifc(6),icc(4),wn(4),vp(4)
c
        character a*11
c
        data ifc /011,022,033,144,155,166/
        data icc /1010,0110,1124,0123/
        data xd /0.,4.43,8.86,13.3/
        data yd /.8,3.8,.8,3.8/
c
        call igks
        call gqnt(1,ierr,wn,vp)
        dx = (wn(2)-wn(1))/90.
        dy = (wn(4)-wn(3))/25.
        call gsparf(wn(1),wn(3))
        do 100 ir=1,4
        write (a,'(i4.4)') icc(ir)
        read(a,'(4i1)') lci,ici,ist,jst
        y0 = wn(3)+(4-ir)*dy*6.2+dy
        do 100 is=1,6
        x0 = wn(1)+dx*1.5+(is-1)*dx*15.
        do 110 i=1,4
        x(i) = x0+xd(i)*dx
        y(i) = y0+yd(i)*dy
  110   continue
        call tpline(4,x,y,.0375,ifc(is),lci,ici,ist,jst)
        write(a,'(i3,4('' '','' '',i1))') ifc(is),lci,ici,ist,jst
        call gothic6(x0+dx*1.25,y0-dy*.9,.1,a)
  100   continue
        call inverse(2)
        call cgks
        stop
        end
```

Abbildung 7. Die Ausgabe von *demo6* zeigt verschiedene Typen von dicken Linien: mit runden, stumpfen oder senkrechten, geschlossenen oder offenen Enden, mit runden oder eckigen Knickpunkten, mit oder ohne Umrandung oder Füllung.

2.4 Schriften

In seiner gegenwärtigen Version 1.3 enthält WATCOM GKS nur drei Schriften. Die ersten beiden bauen auf der ROM-Schrift des IBM PC mit ihren 8x14 Bildpunkten auf. Die dritte ist eine in Form von Vektoren eingegebene Linearschrift ohne Serifen.

Die eine Schrift verwendet die Original-ROM-Schrift des PC. Bei der EGA-Graphikkarte erscheinen wie gewohnt 25 Zeilen mit je 80 Zeichen auf dem Bildschirm. Die HERCULES-Karte dagegen plaziert durch Weglassen des neunten Horizontalbildpunkts 90 anstatt 80 Zeichen auf jeder Zeile. Die Größe dieser Schrift ist unabhängig von den Koordinaten des aktuellen Windows. Texte in dieser Schrift können mit den Makro-Unterprogrammen *write* und *wrte* (3.7) erzeugt werden. Der Unterschied zwischen beiden besteht in der Art der Lokalisierung der Schrift auf dem Bildschirm: Bei *write* wird der Anfang des Textes in Weltkoordinaten angegeben (und auf Zeilen und Spalten gerundet). Bei *wrte* werden Zeile und Spalte des Textbeginns direkt angegeben.

Die beiden anderen Schriften werden mit dem Unterprogramm *text* (3.7) erzeugt: Im Gegensatz zu der ersten können sie verkleinert oder vergrößert, gestreckt oder gedrungen und in jedem beliebigen Winkel geschrieben werden. Natürlich sind hier zusätzliche Parameter zur Festlegung von Winkel, Höhe, Breite und Abstand der Zeichen erforderlich. Die zweite Schrift (ift = 1) beruht auch auf der Grundform der PC-ROM-Schrift, deren Bildpunkte werden in der Vergrößerung allerdings zu Quadraten vergröbert. Insgesamt ist die Abbildung dieser Schrift auf das Punktraster des Bildschirms bei mittleren Schriftgrößen und nicht waagerechten Zeilen sehr unbefriedigend (siehe 'Default Window' in *demo1*). Bei der dritten Schrift (ift = 2) ist das Ergebnis infolge der Vektordarstellung der Schrift besser.

Als Ergänzung der drei vorhandenen Schriften wurden zwei einfache Linearschriften GOTHIC6 und GOTHIC8 als RAM-Fonts entwickelt. Die beiden gleichnamigen Unterprogramme *gothic6* und *gothic8* (3.7) erzeugen Schriftzeichen auf einem Raster von 6x9

32

bzw. 8x12 Bildpunkten. Texte in diesen Schriften können wie die erste Standardschrift nur waagerecht geschrieben, aber anders als diese bildpunktgenau plaziert werden. Weitere Schriften können mit dem im Anhang dargestellten Programm zur Herstellung von RAM-Fonts leicht selbst definiert werden. Der Nachteil solcher als Bildpunktmuster definierter RAM-Fonts ist allerdings, daß ihre Größe und ihre Proportionen von der Punktauflösung des benutzten Ausgabemediums abhängen, d.h. für jedes Ausgabemedium neu definiert werden müssen.

Der erste Bildschirm von Demonstrationsprogramm *demo7* zeigt die ersten beiden Standardschriften: das volle Feld der 90x25 bzw. 80x25 Zeichen der ersten Standardschrift und in der Diagonale darüber vergrößerte Buchstaben der zweiten Standardschrift. Mit RETURN gelangt man zum zweiten Bildschirm, auf dem alle verfügbaren Schriften einschließlich der beiden definierten RAM-Fonts einander gegenübergestellt sind. Um die Wirkung schräger Schrift zu demonstrieren, wurden die mit *text* (3.7) erzeugten Schriften um fünf Grad gegenüber der X-Achse angehoben. Man sieht, daß die Abbildungsqualität selbst bei der Vektorschrift deutlich abnimmt. Die Ausgabe von *demo7* zeigt Abbildung 8.

Seite 33:

Abbildung 8. Die Ausgabe von *demo7* zeigt auf dem ersten Bildschirm die beiden Schriften auf der Basis der PC-ROM-Schrift. Auf dem zweiten Bildschirm werden alle in WATCOM GKS 1.3 vorhandenen Schriften mit den zwei RAM-Fonts *gothic6* und *gothic8* verglichen. Man sieht, daß die deutschen Umlaute und Sonderzeichen nur in einer der GKS-Schriften und in *gothic6* und *gothic8* vorhanden sind.

1234567890abcdefghij123456789abcdefghij1234567890abcdefghij1234567890abcdefghij1234567890
1234567890abcdefghij123456789abcdefghij1234567890abcdefghij1234567890abcdefghij1234567890
1234567890abcdefghij123456789abcdefghij1234567890abcdefghij1234567890abcdefghij1234567890
1234567890abcdefghij123456789abcdefghij1234567890abcdefghij1234567890abcdefghij1234567890
1234567890abcdefghij123456789abcdefghij1234567890abcdefghij1234567890abcdefghij1234567890
1234567890abcdefghij123456789abcdefghij1234567890abcdefghij1234567890abcdefghij1234567890
1234567890abcdefghij123456789abcdefghij1234567890abcdefghij1234567890abcdefghij1234567890
1234567890abcdefghij123456789abcdefghij1234567890abcdefghij1234567890abcdefghij1234567890
1234567890abcdefghij123456789abcdefghij1234567890abcdefghij1234567890abcdefghij1234567890
1234567890abcdefghij123456789abcdefghij1234567890abcdefghij1234567890abcdefghij1234567890
1234567890abcdefghij123456789abcdefghij1234567890abcdefghij1234567890abcdefghij1234567890
1234567890abcdefghij123456789abcdefghij1234567890abcdefghij1234567890abcdefghij1234567890
1234567890abcdefghij123456789abcdefghij1234567890abcdefghij1234567890abcdefghij1234567890
1234567890abcdefghij123456789abcdefghij1234567890abcdefghij1234567890abcdefghij1234567890
1234567890abcdefghij123456789abcdefghij1234567890abcdefghij1234567890abcdefghij1234567890
1234567890abcdefghij123456789abcdefghij1234567890abcdefghij1234567890abcdefghij1234567890
1234567890abcdefghij123456789abcdefghij1234567890abcdefghij1234567890abcdefghij1234567890
1234567890abcdefghij123456789abcdefghij1234567890abcdefghij1234567890abcdefghij1234567890
1234567890abcdefghij123456789abcdefghij1234567890abcdefghij1234567890abcdefghij1234567890
1234567890abcdefghij123456789abcdefghij1234567890abcdefghij1234567890abcdefghij1234567890
1234567890abcdefghij123456789abcdefghij1234567890abcdefghij1234567890abcdefghij1234567890
1234567890abcdefghij123456789abcdefghij1234567890abcdefghij1234567890abcdefghij1234567890
1234567890abcdefghij123456789abcdefghij1234567890abcdefghij1234567890abcdefghij1234567890
1234567890abcdefghij123456789abcdefghij1234567890abcdefghij1234567890abcdefghij1234567890

WRITE

ABCDEFGHIJKLMNOPQRSTUVWXYZ
abcdefghijklmnopqrstuvwxyz
0123456789
§ !"#$%&' ()*+,-./:;<=>?_

TEXT 1

ABCDEFGHIJKLMNOPQRSTUVWXYZÄÖÜ
abcdefghijklmnopqrstuvwxyzäöüß
0123456789
§ !"#$%&' ()*+,-./:;<=>?_ëë°²■

TEXT 2

ABCDEFGHIJKLMNOPQRSTUVWXYZ
abcdefghijklmnopqrstuvwxyz
0123456789
!"#$%&' ()*+,-./:;<=>?_

GOTHIC8

ABCDEFGHIJKLMNOPQRSTUVWXYZÄÖÜ
abcdefghijklmnopqrstuvwxyzäöüß
0123456789
§ !"#$%&' ()*+,-./:;<=>?_ëë°²³

WRTE

ABCDEFGHIJKLMNOPQRSTUVWXYZ
abcdefghijklmnopqrstuvwxyz
0123456789
§ !"#$%&' ()*+,-./:;<=>?_

TEXT 1

ABCDEFGHIJKLMNOPQRSTUVWXYZÄÖÜ
abcdefghijklmnopqrstuvwxyzäöüß
0123456789
§ !"#$%&' ()*+,-./:;<=>?_ëë°²■

TEXT 2

ABCDEFGHIJKLMNOPQRSTUVWXYZ
abcdefghijklmnopqrstuvwxyz
0123456789
!"#$%&' ()*+,-./:;<=>?_

GOTHIC8

ABCDEFGHIJKLMNOPQRSTUVWXYZÄÖÜ
abcdefghijklmnopqrstuvwxyzäöüß
0123456789
§ !"#$%&' ()*+,-./:;<=>?_ëë°²³

```fortran
      program demo7
c
c     write, wrte, text, gothic6, gothic8
c
      dimension txt(4),fnt(4,2),wn(4),vp(4)
c
      character tex*20,txe*100,txt*30,fnt*8
c
      data tex /'1234567890abcdefghij'/
      data txt /'ABCDEFGHIJKLMNOPQRSTUVWXYZÄÖÜ',
     *          'abcdefghijklmnopqrstuvwxyzäöüß',
     *          '0123456789',
     *          '^U !"#$%&'' ()*+,-./:;<=>?_éè°²■'/
      data fnt /'WRITE','TEXT 1','TEXT 2','GOTHIC6',
     *          'WRTE ','TEXT 1','TEXT 2','GOTHIC8'/
c
      call igks
      call askvideo(m,nc)
      call gqnt(1,ierr,wn,vp)
      dx = (wn(2)-wn(1))/nc
      dy = (wn(4)-wn(3))/25.
      call setwrap(0)
      open(6,file='(90)CON')
      txe = tex//tex//tex//tex//txe
      do 100 ir=1,25
      y = wn(4)-ir*dy
      call write(wn(1),y,txe(1:nc))
  100 continue
      call pmode('x')
      call text(-.6,-.4,1,30.,.2,2.,0.,'abcdef')
      call pmode('r')
      pause
      call clear
      ie = 26
      do 200 i=1,4
      if (i.eq.4) ie = 25
      y = .5-dy*(i+2)
      call write(wn(1),y,txt(i)(1:ie))
      call wrte(i+2,nc/2-1,txt(i)(1:ie))
      call text(wn(1),y-6*dy,1,5.,.025,1.,.1,txt(i))
      call text(-2*dx,y-6*dy,1,5.,.032,1.,.1,txt(i))
      call text(wn(1),y-12*dy,2,5.,.026,1.,0.,txt(i))
      call text(-2*dx,y-12*dy,2,5.,.034,1.,0.,txt(i))
      call gothic6(wn(1),y-18*dy,.4,txt(i))
      call gothic8(-2*dx,y-18*dy,.3,txt(i))
  200 continue
      do 300 k=1,4
      y = .5-(k*6-4.2)*dy
      call gothic6(wn(1),y,.2,fnt(k,1))
      call gothic6(-2*dx,y,.2,fnt(k,2))
  300 continue
      call inverse(2)
      call cgks
      stop
      end
```

2.5 Pixel Arrays

Es ist häufig nützlich, bereits auf dem Bildschirm vorhandene Bildteile auf dem Bildschirm zu verschieben oder für eine spätere Wiederverwendung abzuspeichern. Dies ist mit den folgenden vier Makro-Unterprogrammen möglich:

Mit *getpic* (3.8) wird ein rechteckiger Bildausschnitt vom Bildschirm als 'packed pixel array' in ein Zeichenfeld im Arbeitsspeicher übertragen. Mit *putpic* (3.8) kann der Ausschnitt an einer beliebigen Stelle des Bildschirms abgebildet werden. Da das recht schnell erfolgt, können so einfache Formen bewegter Bilder (Animation) realisiert werden. Eine andere Anwendung besteht darin, häufig benötigte Zeichnungselemente, zum Beispiel eine Grundkarte für thematische Karten, mit *savepic* (3.8) auf Platte abzuspeichern. Mit *loadpic* (3.8) kann die Zeichnung später wieder in den Arbeitsspeicher geladen werden und mit *putpic* gezeichnet werden.

Im Demonstrationsprogramm *demo8* werden verschiedene Möglichkeiten der Anwendung von Pixel Arrays demonstriert. Da das Programm zweimal anhält, muß es zweimal mit RETURN wieder in Gang gesetzt werden. Abbildung 9 zeigt die Ausgabe von *demo8*.

```
      program demo8
c
c     getpic, putpic, savepic, loadpic
c
      character*80 pic(434)
c
      a = .31
      b = .62
      call igks
      do 100 al=0.,330.,30.
      alr = al*3.141592654/180.
      x = a+cos(alr)*.115
      y = sin(alr)*.115
      call text(x,y,1,al,.06,1.,0.,'IRPUD')
  100 continue
      call getpic(0.,a,b,-a,434,lpic,pic)
      call putpic(-b,a,pic)
      call pmode('x')
      call box(0.,a,b,-a,0,1,1,0)
      pause
```

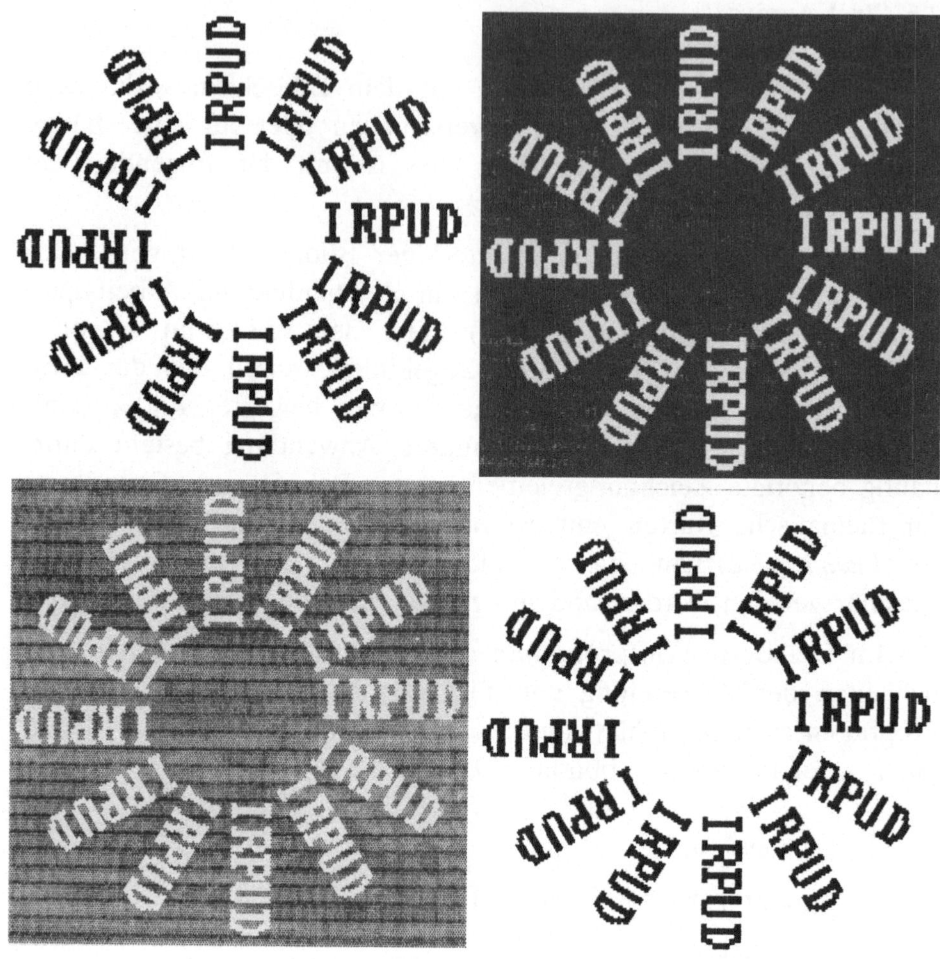

Abbildung 9. Die Ausgabe von *demo8* zeigt ein Beispiel für die Verschiebung und Überlagerung von Bildausschnitten mit *getpic* und *putpic* sowie für das Auslagern auf Platte und Wiedereinlesen mit *savepic* und *loadpic*.

```
call pmode('o')
call box(-b,a,0.,-a,0,1,2,1)
call getpic(0.,a,b,-a,434,lpic,pic)
call pmode('a')
call putpic(-b,a,pic)
call pmode('x')
call box(0.,a,b,-a,0,1,1,0)
pause
call getpic(0.,a,b,-a,434,lpic,pic)
call clear
call setcur(12,10)
write (6,*) 'Auslagern auf Platte ...'
call savepic('demo8.pic',pic)
call setcur(12,45)
write (6,*) 'Einlesen von Platte ...'
call loadpic('demo8.pic',pic)
call clear
call putpic(-a,a,pic)
call inverse(2)
call cgks
stop
end
```

2.6 GKS Metafiles

Zum Standardisierungsprogramm von GKS gehört ein geräte-unabhängiges Dateiformat zur Übertragung von Zeichnungen zwischen verschiedenen Computern, der sogenannte GKS Metafile. Ein Metafile enthält sämtliche zur Herstellung einer Zeichnung erforderlichen Graphikbefehle in einer standardisierten Ver-schlüsselung für ein fiktives Ausgabegerät mit maximaler Auflö-sung. Die zur Initialisierung eines GKS Metafile erforderlichen GKS-Funktionen sind in dem Makro-Unterprogramm *ometa* (3.9) zu-sammengefaßt. Ist der Metafile einmal geöffnet, ist er eine GKS-Workstation wie jede andere, d.h. alle Graphikbefehle gehen sowohl auf den Bildschirm wie auf den Metafile. Mit *cmeta* (3.9) wird der Metafile geschlossen. Die auf dem Metafile vorhandenen Graphik-befehle können mit *rmeta* (3.9) gelesen und ausgeführt werden.

```fortran
      program demo9
c
c     ometa, cmeta, rmeta
c
      dimension x(4,6),y(4,6)
c
      data x /-0.09,-0.02,-0.32,-0.39,-0.16,-0.09,-0.39,-0.46,
     *         0.28, 0.35, 0.05,-0.02, 0.37, 0.44, 0.14, 0.07,
     *        -0.16, 0.07, 0.14,-0.09,-0.02, 0.28,-0.02,-0.32/
      data y /-0.44,-0.07, 0.08,-0.30,-0.21, 0.16, 0.31,-0.07,
     *        -0.07, 0.31, 0.45, 0.08,-0.30, 0.08, 0.23,-0.14,
     *        -0.21,-0.14, 0.23, 0.16,-0.07,-0.07, 0.08, 0.08/
c
      call igks
      call wrte (1,1,'Ausgabe auf Bildschirm und Metafile ...')
      call ometa('demo9.met')
      call wrte(25,56,'Josef Albers (nach Batty)')
      call line(x(1,1),y(1,1),x(1,4),y(1,4),1)
      call line(x(3,2),y(3,2),x(3,3),y(3,3),1)
      do 100 i=1,6
      do 110 k=1,6
      call polygon(4,x(1,k),y(1,k),1,0,0,0)
  110 continue
      call polygon(4,x(1,i),y(1,i),1,0,1,0)
      do 100 j=1,30000
  100 continue
      call cmeta
      pause
      call clear
      call wrte (1,1,'Einlesen des Metafile ...')
      call wrte(25,56,'Josef Albers (nach Batty)')
      call rmeta('demo9.met')
      call wrte (1,1,'                              ')
      call inverse(2)
      call cgks
      stop
      end
```

Das Demonstrationsprogramm *demo9* zeigt an einem einfachen Beispiel, wie ein GKS Metafile beschrieben und anschließend ausgeführt wird. Das Beispiel, eine Zeichnung von Josef Albers, entstammt dem in der Einleitung erwähnten Buch von Batty (1987). Nach dem Erzeugen des Metafile hält das Programm an und muß mit RETURN wieder in Gang gesetzt werden. Abbildung 10 zeigt die Bildschirmausgabe von *demo9*. In Abbildung 11 ist ein Auszug aus dem Metafile wiedergegeben. Es handelt sich dabei um die ASCII-Version, in der Praxis wäre die Binärversion effizienter.

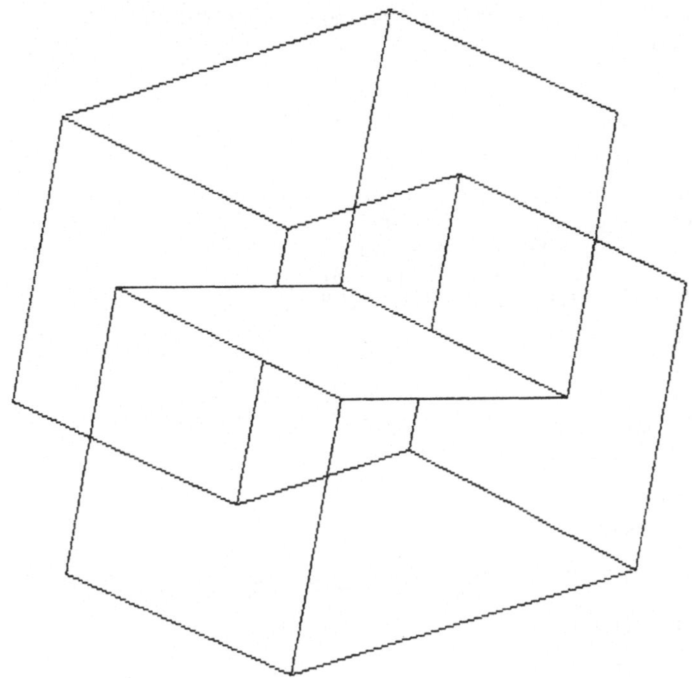

Abbildung 10. Die Bildschirmausgabe von *demo9* zeigt die Zeichnung 'Structural Constellation' von Josef Albers (nach M. Batty,
1987). Mit Hilfe der 'Blackout'-Technik werden nacheinander alle
sechs 'Flächen' des 'Körpers' undurchsichtig gemacht.

```
GKSMWATCOM GKS V1.3 (c) WATCOM Systems Inc. 89/01/06 1 4 3 4 4 6 1 2
   0       4096
GKSM  1   4   0
GKSM 21   4   1
GKSM 22   4   1
GKSM 23   6  4096
GKSM 24   4   1
GKSM 71  24     0  4096     0  4096
GKSM 72  24     0  4096     0  4096
GKSM 61  24     0  4096     0  4096
GKSM 11  28   2  1753    246  3260    819
GKSM 11  28   2   770   3318  2212   3891
GKSM 37   4   1
GKSM 38   4   0
GKSM 39   4   1
GKSM 40   4   1
GKSM 41  24  3277     0     0  4096
GKSM 42  12  2048  2048
GKSM 21   4   1
GKSM 22   4   1
GKSM 23   6  4096
GKSM 24   4   1
GKSM 14  52   4   770    819    999   2376   1982   1761   1753    246
GKSM 21   4   1
GKSM 22   4   1
GKSM 23   6  4096
GKSM 24   4   1
GKSM 14  52   4   541   1761    770
GKSM 21   4   1
GKSM 22   4   1
GKSM 23   ⌐
GKSⁿ          ·   1
    ⌐· 14  52   4   999   2376   1982   2376   2966   1761   1982   1761
GKSM 37   4   1
GKSM 38   4   0
GKSM 39   4   1
GKSM 40   4   1
GKSM 41  24  3277     0     0  4096
GKSM 42  12  2048  2048
GKSM 21   4   1
GKSM 22   4   1
GKSM 23   6  4096
GKSM 24   4   1
GKSM 14  52   4   999   2376   1982   2376   2966   1761   1982   1761
GKSM  3   4   0
GKSM  0   0
```

Abbildung 11. Auszug aus dem in *demo9* erzeugten Metafile (im ASCII-Format). Der Metafile enthält alle zur Reproduktion der Bildschirmausgabe von *demo9* erforderlichen Informationen. Jede Zeile enthält den Code und die Parameter für eine Graphikfunktion. Der Metafile hat 330 Zeilen (records).

2.7 3D-Graphik

Die letzten drei Demonstrationsprogramme zeigen verschiedene Möglichkeiten dreidimensionaler Darstellungen. In allen drei Fällen werden unterschiedliche Verfahren zur Unterdrückung der nicht sichtbaren Linien angewendet.

Die erste Möglichkeit ist die einfachste und in ihrer Anwendung sehr beschränkt. Sie besteht darin, ein räumliches Objekt von links nach rechts mit parallelen, d.h. im Bild senkrechten Sehstrahlen abzutasten und für jeden Sehstrahl festzuhalten, welcher Teil der Oberfläche des Gegenstands sichtbar ist ('Raster Scan'). Das beschränkt das Verfahren praktisch auf durch stetige mathematische Funktionen definierte Oberflächen, für die an jedem beliebigen Punkt Werte berechnet werden können. Das Unterprogramm *surface3d* (3.10) berechnet für jeden Sehstrahl dessen Schnittpunkte mit über die Oberfläche gezogenen parallelen Linien. Liegt der berechnete Punkt höher als der bisher höchste (oder niedriger als der bisher niedrigste) für diesen Sehstrahl dargestellte Punkt, so wird er gezeichnet, andernfalls ist er unsichtbar. Um die Zeichnung anschaulicher zu machen, wird die quadratische Oberfläche gegenüber der Bildkante gedreht, hier zur Vereinfachung um 45 Grad.

Mit diesem Verfahren kann man beliebige stetige Funktionen auf quadratischer Grundfläche als Oberflächen darstellen. Das Demonstrationsprogramm *demo10* zeigt dies für eine um den Mittelpunkt der Fläche gedrehte Sinusfunktion. Die darzustellende Funktion wird in einem eigenen Unterprogramm definiert, dessen Namen an *surface3d* übergeben wird. Abbildung 12 zeigt die Ausgabe.

Abgesehen davon, daß es nur auf stetige Funktionen angewendet werden kann, hat das obige Verfahren den Nachteil, daß es eine Parallelprojektion, aber keine perspektivische Darstellung ist. Damit ist es zur Darstellung von Körpern oder Räumen ungeeignet, bei denen es auf Tiefenwirkung durch nach hinten kleiner werdende Abmessungen ankommt.

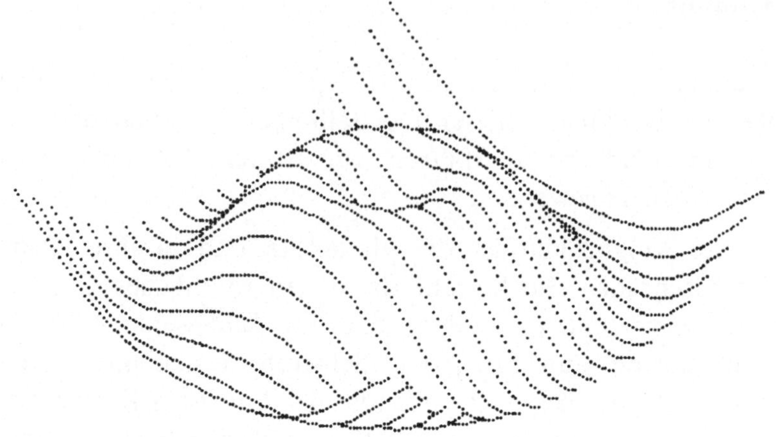

Abbildung 12. Die Ausgabe von *demo10* zeigt eine mit Hilfe der Raster-Scan-Technik dargestellte Oberfläche mit Unterdrückung der unsichtbaren Linien. Auf diese Weise können nur stetige Funktionen abgebildet werden, die Projektion ist nicht perspektivisch.

```
        program demo10
c
c       surface3d
c
        external z
c
        call igks
        call surface3d(z)
        call inverse(2)
        call cgks
        stop
        end
c
c
c
        function z(x,y)
c
c       Any Function of x,y
c       (on area -.5,-.5,.5,.5)
c
        r = sqrt(x**2+y**2)
        z = .1667*sin(10.*r)
        return
        end
```

Eine perspektivische Darstellung erfordert eine Reihe von Transformationen vom betrachteten dreidimensionalen Gegenstand zur zweidimensionalen Bildebene des Betrachters (Park, 1985). Das Makro-Unterprogramm *workbox3d* (3.10) enthält alle für eine perspektivische Darstellung erforderlichen Transformationen, d.h. es erzeugt im aktuellen zweidimensionalen Window einen dreidimensionalen Parameterraum, in dem mit speziellen 3D-Versionen der bereits bekannten Makro-Unterprogramme ebenso gearbeitet werden kann wie mit diesen in der zweidimensionalen Bildebene: die sogenannte 'Workbox'.

Der Koordinatennullpunkt dieser dreidimensionalen Workbox liegt im Nullpunkt des jeweils aktuellen zweidimensionalen Windows, beim Standard-Window (siehe *demo1*) also in der Bildschirmmitte. Die Dimensionen der Workbox sind einheitlich festgelegt: Breite, Tiefe und Höhe sind eins, und ihr Nullpunkt liegt immer in ihrer Mitte. Die Lage der drei Koordinatenachsen, der waagerechten X- und Y-Achse und der vertikalen Z-Achse, hängt von der Lage des Augpunkts des Betrachters vom Nullpunkt der Workbox ab. Um eine 3D-Workbox zu definieren, sind vier Parameter erforderlich:

vd   definiert den Abstand des Augpunktes vom Koordinatennullpunkt der Workbox.

al   definiert den horizontalen Winkel des Sehstrahls vom Augpunkt zum Nullpunkt zur X-Z-Ebene der Workbox.

bt   definiert den vertikalen Winkel des Sehstrahls vom Augpunkt zum Nullpunkt zur X-Y-Ebene der Workbox.

scf   ist ein Skalierungsfaktor zur Vergrößerung oder Verkleinerung der Workbox.

Mit *window3d* (3.10) ist es möglich, die Achsen der Workbox umzudefinieren, das heißt, analog zum zweidimensionalen Window ein dreidimensionales Window zu definieren. Auf diese Weise kann eine perspektivische Darstellung beliebig verschoben, vergrößert oder verkleinert, gestreckt oder überhöht werden. Nähere Einzelheiten enthält 3.10.

Um eine perspektivische Darstellung zu erzeugen, ist es also nur erforderlich, durch Aufruf von *workbox3d* (und gegebenenfalls von *gswn* und/oder *window3d*) eine geeignete Workbox zu definieren und dann mit den 3D-Versionen der Zeichen-Makros in dieser Workbox dreidimensional zu zeichnen.

Das Demonstrationsprogramm *demo11* zeigt an einem einfachen Beispiel, wie das vor sich geht. Der Aufruf von *workbox3d* (3.10) erzeugt die hier sichtbar gemachte Workbox mit ihren drei Achsen (das kleine Dreieck zwischen den positiven X- und Y-Achsen entspricht dem kleinen Dreieck im Standard-Window der Abbildung 1). Normalerweise wird die Workbox natürlich nicht dargestellt. Anschließend wird die Workbox undurchsichtig gemacht, indem mit *box3d* (3.10) ein Würfel mit 'schwarzen' Flächen in den gleichen Abmessungen wie die Workbox gezeichnet wird; nur die 'Enden' der Koordinatenachsen sind mit *putdot3d* (3.10) sichtbar gemacht worden. Wäre *box3d* nicht mit undurchsichtigen Flächen aufgerufen worden, so hätte das Programm einen 'Drahtwürfel' gezeichnet, in diesem Falle aber mußten die nicht sichtbaren hinteren Kanten unterdrückt werden. Hierzu wurde ein weiteres Verfahren zur Eliminierung unsichtbarer Linien angewendet: die Methode der Flächensortierung. Bei dieser Methode werden die Flächen des zu zeichnenden Körpers nach ihrer mittleren Entfernung zum Augpunkt sortiert und in dieser Reihenfolge dargestellt, wobei die 'näheren' Flächen die 'entfernteren' im Verlauf des Zeichnens nach und nach überdecken. Das Sortieren der Flächen erfolgt im Unterprogramm *dsort3d* (3.10). Schließlich wird der Würfel geöffnet, mit *polygon3d* (3.10) wird eine schräge punktgerasterte Ebene in ihn hineingestellt, und mit *line3d* (3.10) und *box3d* wird er erneut geschlossen. Nach jeder Phase dieses Ablaufs hält das Programm an und muß mit RETURN neu angestoßen werden. Die Abbildungen 13 und 14 zeigen die drei Phasen.

```
        program demo11
c
c       workbox3d, putdot3d, line3d, box3d, polygon3d
c
        dimension x(4),y(4),z(4)
c
        data x /-.5,.5,.5,-.5/
        data y /-.5,-.5,.5,.5/
        data z /-.5,-.5,.5,.5/
c
        call igks
        call workbox3d(4.,240.,55.,.5,1)
        pause
        call box3d(-.5,-.5,-.5,.5,.5,.5,1,0,1,0)
        call putdot3d(0.,-.5,0.,1)
        call putdot3d(-.5,0.,0.,1)
        call putdot3d(0.,0.,.5,1)
        pause
        call polygon3d(4,x,y,z,0,1,2,4)
        call line3d(-.5,.5,.5,.5,.5,.5,1)
        call line3d(.5,-.5,.5,.5,.5,.5,1)
        call box3d(-.5,-.5,-.5,-.5,.5,.5,1,0,1,0)
        call box3d(-.5,-.5,-.5,.5,-.5,.5,1,0,1,0)
        call inverse(2)
        call cgks
        stop
        end
```

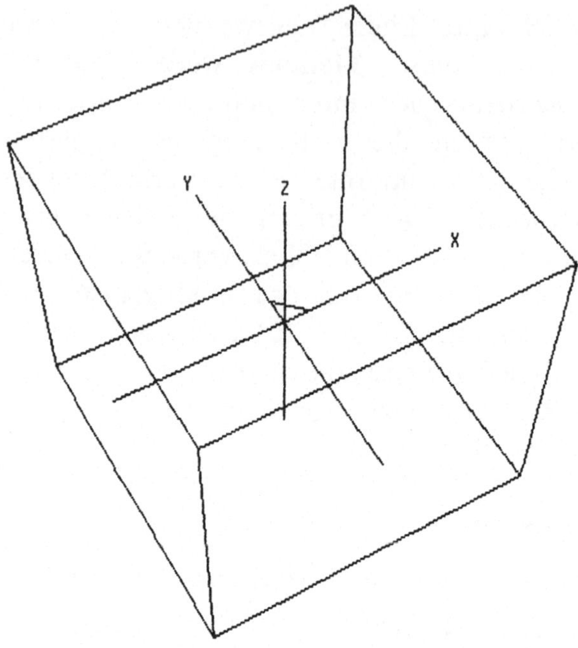

Abbildung 13. Die erste Phase der Ausgabe von *demo11* zeigt die 3D-Workbox mit ihrem zentralen Koordinatennullpunkt und ihren drei Achsen. Das kleine Dreieck zwischen den positiven X- und Y-Achsen entspricht dem in Abbildung 1.

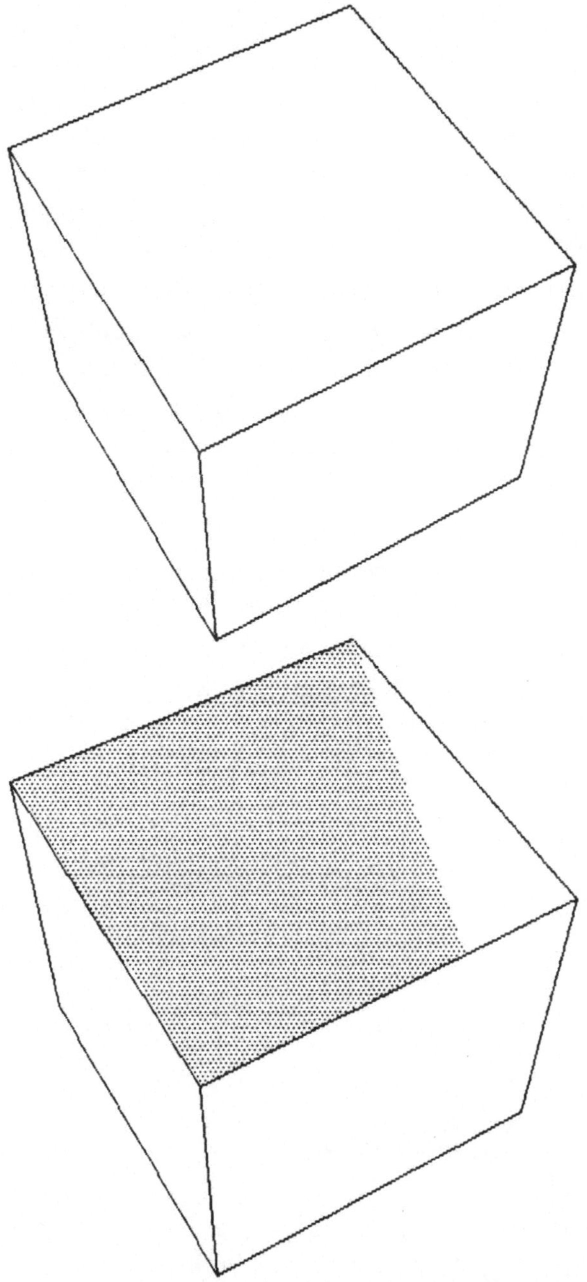

Abbildung 14. Die beiden letzten Phasen der Ausgabe von *demo11* zeigen die Workbox als undurchsichtigen Würfel und als Kiste mit hineingestellter Ebene. Die Unterdrückung unsichtbarer Linien erfolgt durch Flächensortierung.

48

Das dritte 3D-Programm verwendet eine vielseitigere Methode zur dreidimensionalen Darstellung von Oberflächen. Für das Unterprogramm *grid3d* (3.10) können die Daten in Form von Meßwerten für auf einem Gitternetz angeordnete Punkte vorliegen. Die Unterdrückung unsichtbarer Linien erfolgt nach dem 'Painter's Algorithm': Bei diesem Verfahren beginnt das Zeichnen mit dem am weitesten vom Augpunkt entfernten Gitterpunkt und setzt sich in zickzackförmigen Schichten von hinten nach vorn fort. Vor dem Zeichnen jeder Schicht wird die dafür benötigte Fläche mit Hilfe der früher erwähnten 'Blackout-Technik' freigemacht. So werden alle schon gezeichneten Linien, die sich im weiteren Verlauf der Zeichnung als verdeckt herausstellen, 'ausradiert'.

Das letzte Demonstrationsprogramm *demo12* zeigt das Ergebnis am Beispiel einer ähnlichen Funktion wie in *demo10*. Im Unterschied zu dem dort verwendeten Verfahren ist die Darstellung hier echt perspektivisch, d.h. erfolgt im Rahmen der vorher definierten 3D-Workbox. Allerdings ist es mit dieser Methode nicht möglich, die Unterseite der Oberfläche darzustellen. Seine Stärke zeigt das Verfahren dann, wenn unregelmäßige, empirisch erhobene Meßwerte darzustellen sind. Die Ausgabe von *demo12* zeigt Abbildung 15.

```
        program demo12
c
c       grid3d
c
        dimension z(31,31)
c
        dx = 1./30.
        do 100 i=1,31
        x = -.5+(i-1)*dx
        do 100 j=1,31
        y = -.5+(j-1)*dx
        r = sqrt(x**2+y**2)
        z(j,i) = .1667*sin(10.*r)
  100   continue
        call igks
        call workbox3d(4.,240.,55.,,7,0)
        call grid3d(31,31,-.5,.5,-.5,.5,z)
        call inverse(2)
        call cgks
        stop
        end
```

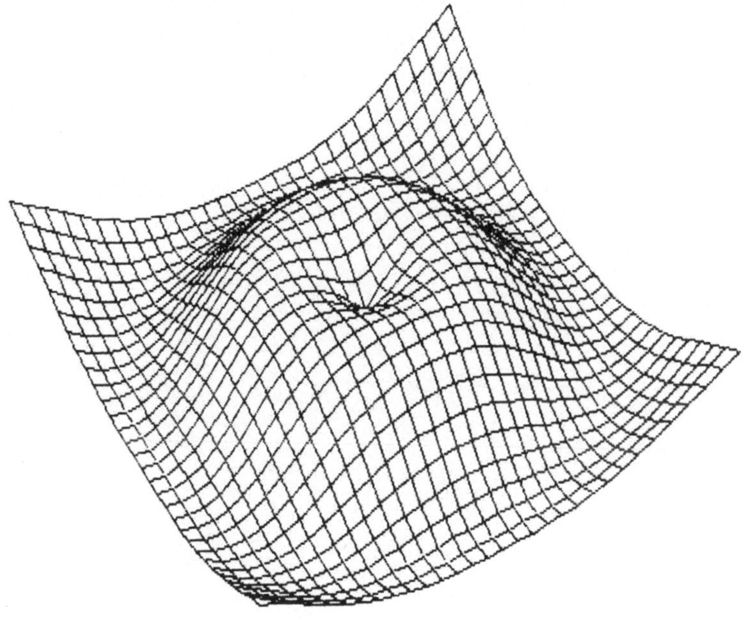

Abbildung 15. Die Ausgabe von *demo12* zeigt eine Oberfläche mit gitterförmig angeordneten Datenpunkten. Unsichtbare Linien werden nach dem 'Painter's Algorithm' mit Hilfe der 'Blackout-Technik' unterdrückt.

3 Makro – Unterprogramme

Im folgenden werden die 72 Unterprogramme der Sammlung vollständig aufgelistet und soweit erforderlich erläutert. Sie bilden die 'Anwendungsschicht' zwischen GKS und dem Programm des Benutzers. Sie erleichtern die Anwendung von GKS, indem sie jeweils alle für die Erzeugung eines Graphikelements erforderlichen GKS-Funktionen aufrufen. Auf diese Weise werden zahlreiche elementare GKS-Aufrufe durch einen Unterprogramm-Aufruf ersetzt, d.h. das Unterprogramm wirkt wie ein Makrobefehl, deshalb werden die Unterprogramme auch Makro-Unterprogramme genannt. Die mit einem Makro-Unterprogramm erzeugten Graphikelemente reichen von einfachen Ausgabefunktionen wie dem Zeichnen eines Punktes oder einer Geraden zu komplexen dreidimensionalen Darstellungen.

Die erzielte Vereinfachung in der Anwendung von GKS wurde unter anderem dadurch erreicht, daß die Festlegung von Zeichenattributen wie Strichart und Art der Flächenfüllung zum großen Teil über Parameter der Unterprogramm-Aufrufe erfolgt. In GKS werden diese Attribute durch jeweils eigene Funktionsaufrufe dauerhaft gesetzt. Im Unterschied zu GKS wird also durch jeden Unterprogramm-Aufruf eine neue Attributkonstellation definiert. Diese wird nach Verlassen des Unterprogramms nicht auf die Standardwerte von GKS zurückgesetzt, dies ist beim direkten Gebrauch von GKS-Funktionen zu beachten.

Alle Unterprogramme sind in Standard-FORTRAN77 geschrieben. Von den erweiterten Möglichkeiten der strukturierten Programmierung von WATFOR-77 wurde im Interesse der Übertragbarkeit auf andere Computersysteme kein Gebrauch gemacht. Allerdings sind die folgenden 17 Unterprogramme hardwarespezifisch, insoweit sie Steuersequenzen des IBM PC XT/AT verwenden. Darüber hinaus verwenden *askprn* und *setprn* Steuersequenzen des IBM-Graphik-Druckers. Diese Unterprogramme sind beim Übergang auf eine andere Hardware zu ändern:

askprn	*setprn*	*cls*	*askvideo*	*setvideo*	*setattr*
askcur	*setcur*	*cursor*	*setwrap*	*keybd*	*inkey*
getchar	*putchar*	*date*	*time*	*dos*	

Die Erläuterungen zu den einzelnen Unterprogrammen beschränken sich auf die Erklärung der zu ihrem Aufruf erforderlichen Eingabeparameter und gegebenenfalls ihrer Ausgabeparameter. Die Namen sämtlicher Parameter folgen der FORTRAN-Konvention, d.h. alle mit i, j, k, l, m oder n beginnenden Parameter sind vom Typ INTEGER. Weitere Hinweise zur Anwendung der Unterprogramme finden sich bei den entsprechenden Demonstrationsprogrammen im Kapitel 2. Die in den Unterprogrammen aufgerufenen GKS-Funktionen werden nicht erläutert. Wer mehr über sie wissen möchte, wird auf das WATCOM-GKS-Handbuch (Yach, 1986) oder die übrige im Literaturverzeichnis aufgeführte GKS-Literatur verwiesen. Die wichtigsten GKS-Funktionen sowie alle hier vorgestellten Unterprogramme werden auf den Referenzkarten am Ende dieses Buches in komprimierter Form zusammengefaßt. Weiterhin werden die Abweichungen von WATFOR-77 vom FORTRAN77-Standard aufgeführt.

3.1 GKS Control Macros

Bevor Unterprogramme, die GKS-Funktionen verwenden, aufgerufen werden, muß GKS initialisiert werden. Mit *igks* werden alle erforderlichen Schritte erledigt: Zuerst wird GKS mit *gopks* eröffnet. Dann wird die jeweils vorhandene Graphikkarte initialisiert: mit *giherc* die HERCULES-Karte, mit *giega15* die EGA-Karte mit Monochrom-Bildschirm (EGA mode 15) und mit *giega16* die EGA-Karte mit Farbbildschirm (EGA mode 16). Dann wird der Bildschirm als Workstation eröffnet (*gopwk*) und aktiviert (*gacwk*), und das formatfüllende Standard-Window mit dem Koordinatennullpunkt in der Bildschirmmitte (siehe *demo1* in 2.1) wird definiert (*gswn*) und ausgewählt (*gselnt*). Außerdem wird mit *setcolor* (3.3) entsprechend der vorhandenen Graphikkarte weiß auf schwarzem Hintergrund als Standard-Zeichenfarbe festgelegt. Mit *setprn* (3.2) wird der Drucker, soweit vorhanden, als IBM-Graphik-Drucker initialisiert. Die Horizontaldimension des Standard-Windows kann dem Seitenverhältnis des benutzen Bildschirms angepaßt werden (damit Quadrate quadratisch und Kreise nicht als Ellipsen erscheinen), jedoch erfordert die Druckerausgabe die hier voreingestellten Werte.

Als Graphikkarte ist die HERCULES-Karte voreingestellt. Soll die EGA-Karte verwendet werden, hat man lediglich anstatt *giherc* das entsprechende Initialisierungsprogramm zu aktivieren und gegebenenfalls die Abmessungen des Standard-Windows zu verändern.

```
      subroutine igks
c
c     Initialize GKS
c
c     Choose graphics mode:
c      giherc      HERCULES (720x348 mono)
c      giega15     EGA mode 15 (640x350 mono)
c      giega16     EGA mode 16 (640x350 color)
c     Choose standard window:
c      -.75,.75,-.5,.5      12" monitor (1.5:1)
c      -.625,.625,-.5,.5  14" monitor (1.25:1)
c      -.625,.625,-.5,.5  printer (1.25:1)
c
      call gopks(0)
      call giherc(10)
c     call giega15(10)
c     call giega16(10)
      call gopwk(1,0,10)
      call gacwk(1)
c     call gswn(1,-.75,.75,-.5,.5)
      call gswn(1,-.625,.625,-.5,.5)
      call gselnt(1)
      call askvideo(m,nc)
      if (m.eq.16) ic = 15
      if (m.eq.15.and.nc.eq.80) ic = 3
      if (m.eq.15.and.nc.eq.90) ic = 1
      call setcolor(ic)
      call setprn(1,1)
      return
      end
```

Jedes GKS-Programm sollte mit einem Aufruf von *cgks* enden. Mit *cgks* werden die Workstation inaktiviert (*gdawk*) und geschlossen (*gclwk*), GKS geschlossen (*gclks*) und Bildschirm und Drucker mit *setvidio* (3.3) bzw. *setprn* (3.2) wieder zu alphanumerischen Ausgabegeräten gemacht. Die 'pause'-Anweisung bewirkt, daß das zuletzt erzeugte Bild bis zur Eingabe von RETURN stehenbleibt.

```
      subroutine cgks
c
c     Close GKS
c
      call gdawk(1)
      call gclwk(1)
      pause
      call gclks
      call setvideo(0)
      call setprn(0,1)
      return
      end
```

3.2 Printer Control Macros

Die folgenden beiden Unterprogramme erlauben es, einen Matrixdrucker mit neun Drucknadeln (Emulation IBM-Graphik-Drucker) wahlweise für alphanumerische oder graphische Ausgabe einzusetzen. Mit *askprn* kann festgestellt werden, ob der Drucker empfangsbereit oder nicht oder ausgeschaltet ist. Mit *setprn* kann zwischen drei Betriebsarten gewählt werden: alphanumerisch, 12 Zeichen je Zoll, normaler Zeilenabstand und 17 Zeichen je Zoll, enger Zeilenabstand, oder Graphik, 120 Bildpunkte je Zoll horizontal und 9 Zeilen je Zoll (24/216 Zoll Zeilenabstand) vertikal. Die letztere Betriebsart erlaubt die nahezu unverzerrte Bildpunkt-für-Bildpunkt-Wiedergabe des HERCULES-Graphik-Bildschirms. In allen drei Betriebsarten ist es möglich, durch Ctrl-PrtSc ein Hardcopy des augenblicklichen Bildschirms zu erzeugen. Außerdem wird für alphanumerische Druckerausgabe eine FORTRAN-Datei mit der

Kanalnummer 7 geöffnet. Die zur Auswahl einer Betriebsart erforderlichen Parameterwerte für *setprn* sind aus der Auflistung des Programms zu ersehen. Aufrufe von *setprn* sind in *igks* (3.1) und *cgks* (3.1) enthalten.

```
        subroutine askprn(ips)
c
c       Inquire printer status byte
c         -112  ready
c            8  not ready
c           72  not connected
c
        integer*1 reg(20)
c
        reg(2) = 2
        reg(7) = 0
        reg(8) = 0
        call intr(23,reg)
        ips = reg(2)
        return
        end




        subroutine setprn(m,n)
c
c       Initialize matrix printer (if ready)
c         m=0 n=1  alpha,   12 cpi, 6 lpi
c         m=0 n=2  alpha,   17 cpi, 8 lpi
c         m=1 n=1  graph, 120 dpi, 9 lpi
c
        dimension prc(2,2)
        character prc*9
c
        data prc /
       *z1B401B33241B4D0000,z1B401B331B1B0F0000,
       *z1B401B33181B4CD002,z1B4000000000000000/
c
        call askprn(ips)
        if (ips.ne.-112) return
        open(7,file='prn')
        write (7,'(9a,$)') prc(n,m+1)
        return
        end
```

3.3 Video Control Macros

Unter dieser Überschrift sind elf kleine Unterprogramme zusammengefaßt, mit denen die Funktionen des Bildschirms von einem FORTRAN-Programm aus beeinflußt werden können. Mit Ausnahme von *setcolor* und *inverse* sind diese Programme hardwarespezifisch. Die Mehrzahl von ihnen benutzt das in der Runtime-Bibliothek von WATFOR-77 enthaltene Unterprogramm *intr*, mit dem die Hardware-Interrupts des IBM PC XT/AT angesprochen werden können (Coschi und Schueler, 1985), *setwrap* ist ein Beispiel dafür, wie die vom PROMPT-Kommando des DOS bekannten ANSI-Escape-Sequenzen angewendet werden können.

Mit *cls* und *clear* werden der Alpha- bzw. der Graphik-Bildschirm gelöscht:

```fortran
      subroutine cls
c
c     Clear alpha screen
c
      integer*1 reg(20)
c
      reg(1) = 0
      reg(2) = 6
      reg(4) = 7
      reg(5) = 0
      reg(6) = 0
      reg(7) = 79
      reg(8) = 24
      call intr(16,reg)
      call setcur(1,1)
      return
      end



      subroutine clear
c
c     Clear graphics screen
c
      call gclrwk(1,1)
      call setvideo(m)
      return
      end
```

Mit *askvideo* und *setvideo* wird der Video-Modus (Alpha oder Graphik) des Bildschirms abgefragt bzw. verändert. Mit *askvideo* kann festgestellt werden, welche Graphikkarte vorhanden ist, und in welcher Betriebsart sie sich befindet:

HERCULES-Karte: EGA-Karte:
m = 7   nc = 80 alpha   m = 7   nc = 80 alpha monochrom
m = 15 nc = 90 graphics   m = 15 nc = 80 graphics monochrome
                            m = 3   nc = 80 alpha farbig
                            m = 15 nc = 80 graphics farbig

Bei *setvideo* darf m nur 0 (alpha) oder 1 (Graphik) sein, es wird selbsttätig der mit der Graphikkarte kompatible Wert eingesetzt.

```
        subroutine askvideo(m,nc)
c
c       Inquire video mode
c       m=7   nc=80   alpha HERCULES/EGA mono
c       m=3   nc=80   alpha EGA colour
c       m=15 nc=90   graphics HERCULES
c       m=15 nc=80   graphics EGA mono
c       m=16 nc=80   graphics EGA colour
c
        integer*1 reg(20)
c
        reg(2) = 15
        call intr(16,reg)
        m = reg(1)
        nc = reg(2)
        return
        end



        subroutine setvideo(m,nc)
c
c       Set video mode
c        m=0/1 alpha/graphics
c
        integer*1 reg(20),iv(16,2)
c
        data iv /
       *0,0, 3,0,0,0, 7,0,0,0,0,0,0,0, 7, 3,
       *0,0,16,0,0,0,15,0,0,0,0,0,0,0,15,16/
c
        call askvideo(n,mc)
        reg(2) = 0
        reg(1) = iv(n,m+1)
        call intr(16,reg)
```

```
call cursor(1)
return
end
```

Mit *setcolor* wird die Standardfarbe für alle Zeichnungs- und Schriftelemente festgelegt. Je nach vorhandener Graphikkarte gelten die folgenden Farbschlüssel:

HERCULES-Karte:

0	schwarz	1	normal

EGA-Karte mit Monochrom-Bildschirm (mode 15):

0	schwarz	2	normal
1	hell blinkend	3	hell

EGA-Karte mit Farbbildschirm (mode 16):

0	schwarz	8	dunkelgrau
1	blau	9	hellblau
2	grün	10	hellgrün
3	türkis	11	helltürkis
4	rot	12	hellrot
5	lila	13	hellila
6	braun	14	gelb
7	hellgrau	15	weiß

Als Standardfarbe wird in *igks* (3.1) der für die vorhandene Graphikkarte geltende Farbschlüssel für weiß (bzw. normal bei der HERCULES-Karte und hell bei EGA mode 15) festgelegt und in einem besonderen COMMON-Bereich gespeichert. Die Standardfarbe kann durch erneuten Aufruf von *setcolor* jederzeit geändert werden. Zu beachten ist, daß die Farbe der mit *write, wrte, gothic6* und *gothic8* (3.7) erzeugten Schriften durch *setcolor* nicht beeinflußt werden kann.

```
      subroutine setcolor(ic)
c
c     Set colour code
c
      common /color/ icolor
c
      icolor = ic
      return
      end
```

Das Unterprogramm *inverse* dient dazu, die Bildschirmdarstellung vorübergehend oder dauernd zu invertieren. Das ist nützlich, um zu prüfen, wie die erzeugte Zeichnung beim Ausdrucken schwarz auf weiß auf dem Papier aussehen würde. Nach dem Aufruf wartet *inverse* auf ein RETURN des Benutzers. Wird als Parameter n eine 2 eingegeben, wird die Invertierung nach einem weiteren RETURN wieder rückgängig gemacht.

```
        subroutine inverse(n)
c
c       Invert graphics screen
c
        dimension wn(4),vp(4)
c
        call gqcntn(ierr,itr)
        call gqnt(itr,ierr,wn,vp)
        call gsvp(itr,0.,1.,0.,1.)
        call gswn(itr,0.,1.,0.,1.)
        pause
        call pmode('x')
        call box(0.,0.,1.,1.,0,1,1,0)
        pause
        if (n.ne.2) goto 10
        call box(0.,0.,1.,1.,0,1,1,0)
   10   call gsvp(itr,vp(1),vp(2),vp(3),vp(4))
        call gswn(itr,wn(1),wn(2),wn(3),wn(4))
        call pmode('r')
        call gselnt(itr)
        return
        end
```

Durch *setattr* wird die Zeichendarstellung an der Spalte ic der Zeile ir des Alpha-Bildschirms nach folgendem Schlüssel für ia verändert:

1	unterstrichen	9	hell unterstrichen
7	normal	15	hell
8	schwarz	112	invers

Wird zu den obigen Werten 128 addiert, blinkt das Zeichen. Diese Angaben gelten jedoch nur für Monochrom-Bildschirme. Bei der EGA-Karte mit Farbbildschirm erscheinen die Zeichen stattdessen in der Farbe ia des EGA-Farbcodes (siehe *setcolor*). Die Position des Cursors wird nicht verändert.

```
        subroutine setattr(ir,ic,ia)
c
c       Set screen attribute ia at position ir,ic
c        HERCULES/EGA mono:
c         1/7/8/9/15/112 ul/wh/bl/hi-ul/hi/inv
c         129/135/136/136/143/240 blinking
c        EGA colour:
c         0-15 EGA colour code
c
        integer*1 reg(20)
        character*1 getchar
c
        call askcur(jr,jc)
        call setcur(ir,ic)
        reg(2) = 9
        reg(4) = 0
        reg(3) = ia
        reg(5) = 1
        reg(6) = 0
        reg(1) = ichar(getchar(ir,ic))
        call intr(16,reg)
        call setcur(jr,jc)
        return
        end
```

Mit *askcur* und *setcur* wird die Position des Alpha-Cursors abgefragt bzw. verändert, wobei ir die Zeile und ic die Spalte des Bildschirms bezeichnen. Beispiele für die Anwendung von *askcur* und *setcur* enthalten *setattr* (3.3) und *getchar* (3.7):

```
        subroutine askcur(ir,ic)
c
c       Inquire cursor position
c
        integer*1 reg(20)
c
        reg(2) = 3
        reg(4) = 0
        call intr(16,reg)
        ic = reg(7)+1
        ir = reg(8)+1
        return
        end
```

```
        subroutine setcur(ir,ic)
c
c       position cursor at ir,ic
c
        integer*1 reg(20)
```

```
c
        ir = max(ir,1)
        ir = min(ir,25)
        ic = max(ic,1)
        ic = min(ic,80)
        reg(2) = 2
        reg(4) = 0
        reg(7) = ic-1
        reg(8) = ir-1
        call intr(16,reg)
        return
        end
```

Die Form des Alpha-Cursors kann mit *cursor* verändert werden, ic$=0$ macht ihn unsichtbar:

```
        subroutine cursor(ic)
c
c       Set cursor attribute
c        0/1/2 black/underl/block
c
        integer*1 reg(20)
c
        if (ic.eq.0) goto 10
        if (ic.eq.2) goto 20
        call askvideo(n,mc)
        ia = n+4
        ie = 12
        goto 30
   10 ia = 14
        ie = 14
        goto 30
   20 ia = 4
        ie = 12
   30 reg(2) = 1
        reg(5) = ie
        reg(6) = ia
        call intr(16,reg)
        return
        end
```

Mit *setwrap* wird festgelegt, ob beim Schreiben über den rechten Bildschirmrand automatisch auf der nächsten Zeile fortgeschrieben werden soll. Das ist wichtig, wenn der Bildschirm wie etwa in *demo7* (2.4) restlos vollgeschrieben wird.

```
      subroutine setwrap(m)
c
c     Set line wrap (0/1)
c
      goto (10,20),m+1
10    write (6,'(a,''[?7l'')') char(27)
      return
20    write (6,'(a,''[?7h'')') char(27)
      return
      end
```

3.4 Output Control Macro

Das Makro-Unterprogramm *pmode* erlaubt die Setzung des sogenannten Plotmode. Mit ihm wird festgelegt, in welcher Weise die nachfolgenden Zeichenbefehle mit dem Ergebnis der vorangegangenen Zeichenbefehle kombiniert werden sollen:

'r' bedeutet, daß die vorhandene Zeichnung durch die neue Zeichnung ersetzt wird,

'x' bedeutet, daß die Schnittflächen der vorhandenen und der neuen Zeichnung invertiert werden ('XOR'),

'a' bedeutet, daß nur die Schnittflächen der vorhandenen und der neuen Zeichnung dargestellt werden ('AND'),

'o' bedeutet, daß die vorhandene und die neue Zeichnung überlagert werden ('OR').

Die Wiederholung einer Zeichnung mit 'x' bewirkt ihre Löschung, denselben Effekt erzielt ihre Wiederholung mit 'r' und der Zeichenfarbe schwarz.

Beispiele für die Anwendung von *pmode* sind die Demonstrationsprogramme *demo5* (2.3), *demo7* (2.4) und *demo9* (2.6). Eine wichtige Aufgabe erfüllt *pmode* bei der Erzeugung zusätzlicher Flächenfüllungen im Unterprogramm *polygon* (3.6).

```
      subroutine pmode(pm)
c
c     Set plot mode
c      r/x/a/o  replace/XOR/AND/OR
c
      character*1 pm
c
      call gesc(-1,1,pm,0,0,dummy)
      return
      end
```

3.5 Point/Line Macros

In diesem Abschnitt sind die Unterprogramme zusammengefaßt, mit denen Punkt- und Strichzeichnungen angefertigt werden können.

Mit *getdot* wird abgefragt, ob an der Stelle mit den Koordinaten x,y ein Punkt gezeichnet ist. Wenn ja, hat die Funktion den Wert des Farbschlüssels des Punkts (siehe *setcolor* in 3.3), andernfalls den Wert null:

```
      function getdot(x,y)
c
c     Inquire pixel
c
      call gqpx(1,x,y,ierr,ipc)
      getdot = ipc
      return
      end
```

Mit *putdot* wird an der Stelle x,y ein Punkt gezeichnet. Wie bei *getdot* wird der x,y am nächsten liegende Bildpunkt gewählt. Der Parameter ici bedeutet hier wie in allen späteren Unterprogrammen den Farbindex ('colour index'). Er kann nur zwei Werte annehmen: null für schwarz und eins für die Standardfarbe (siehe *setcolor* in 3.3). Ein Beispiel für die Anwendung von *putdot* enthält *demo2* (2.2).

64

```
      subroutine putdot(x,y,ici)
c
c     Draw a point
c
      common /color/ icolor
c
      call gsmk(1)
      call gspmci(icolor)
      if (ici.eq.0) call gspmci(0)
      call gpm(1,x,y)
      return
      end
```

Das Unterprogramm *putmk* macht die in GKS verfügbaren
vorprogrammierten Symbole zur Markierung von Datenpunkten oder
Kurven verfügbar. Die ersten beiden Parameter bezeichnen die
Stelle, an denen die Marke gezeichnet werden soll, der dritte
Parameter mt legt den Markentyp fest:

1	Punkt	2	Senkrechtkreuz	3	Stern
4	Achteck	5	Diagonalkreuz	6	Rhombus
7	Kreis	8	Quadrat	9	Dreieck

Der vierte Parameter scf ist ein Skalierungsfaktor, mit dem die
Größe des Markensymbols festgelegt werden kann. Die Wirkung von
scf ist unabhängig von der Dimensionierung des aktuellen Windows.
Das Demonstrationsprogramm *demo3* (2.2) zeigt alle verfügbaren
Marken und die Wirkung des Skalierungsfaktors.

```
      subroutine putmk(x,y,mt,scf,ici)
c
c     Draw a marker
c
      common /color /icolor
      dimension wn(4),vp(4)
c
      mkt = mt
      goto (20,20,20,20,20,10,30,40,50),mkt
   10 mkt = -1
   20 call gsmk(mkt)
      call gsmksc(scf)
      call gspmci(icolor)
      if (ici.eq.0) call gspmci(0)
      call gpm(1,x,y)
      return
   30 call gqnt(1,ierr,wn,vp)
      r = (wn(4)-wn(3))*.01
      call circle(x,y,r*scf,ici)
      return
```

```
   40 call gqnt(1,ierr,wn,vp)
      d = (wn(4)-wn(3))*.01*scf
      call box(x-d,y+d,x+d,y-d,ici,0,0,0)
      return
   50 call gqnt(1,ierr,wn,vp)
      hs = (wn(4)-wn(3))*.01*scf
      hh = 1.11*hs
      call line(x,y+hh,x-hs,y-hh,ici)
      call line(x,y+hh,x+hs,y-hh,ici)
      call line(x-hs,y-hh,x+hs,y-hh,ici)
      return
      end
```

Die Unterprogramme *line* und *pline* dienen zum Zeichnen von Geradenabschnitten. Mit *line* wird eine Gerade zwischen zwei Punkten, mit *pline* eine Folge von Geradenabschnitten zwischen n Punkten gezeichnet. Somit benötigt *line* die Koordinaten von zwei Punkten und *pline* benötigt ein Feld von X- und ein Feld von Y-Koordinaten mit der Länge n als Eingabe. Außerdem benötigen beide Unterprogramme einen weiteren Parameter lci, der die Strichfarbe und Strichart festlegt:

0	schwarz
1	durchgehend
2	gestrichelt
3	punktiert
4	strichpunktiert

Die Stricharten 1 bis 4 werden in der Standardfarbe (siehe *setcolor* in 3.3) gezeichnet.

```
      subroutine line(x1,y1,x2,y2,lci)
c
c     Draw a line
c
      common /color/ icolor
      dimension x(2),y(2)
c
      x(1) = x1
      y(1) = y1
      x(2) = x2
      y(2) = y2
      call gsplci(icolor)
      if (lci.eq.0) call gsplci(0)
      if (lci.gt.0) call gsln(lci)
      call gpl(2,x,y)
      return
      end
```

66

```
      subroutine pline(n,x,y,lci)
c
c     Draw a polyline
c
      common /color/ icolor
      dimension x(n),y(n)
c
      call gsplci(icolor)
      if (lci.eq.0) call gsplci(0)
      if (lci.gt.0) call gsln(lci)
      call gpl(n,x,y)
      return
      end
```

Beispiele für die Anwendung von *line* finden sich in den Demonstrationsprogrammen *demo1* (2.1), *demo2* (2.2) und *demo9* (2.6) und in den Unterprogrammen *tline* (3.6) und *line3d* (3.10), das Unterprogramm *pline* entspricht bis auf den Strichartparameter lci der GKS-Funktion *gpl*.

Die Unterprogramme *circle*, *ellipse*, *circarc* und *ellarc* dienen zum Zeichnen von Kreisen, Ellipsen und Kreis- und Ellipsenabschnitten. Bei *circle* sind die Mittelpunktskoordinaten x,y, der Radius r sowie der bereits bekannte Parameter lci für Strichart und -farbe anzugeben. Bei *ellipse* sind anstelle des Radius die beiden halben Hauptachsen rx und ry erforderlich. Bei *circarc* und *ellarc* müssen zusätzlich Anfang und Ende des Kreis- bzw. Ellipsenabschnitts eingegeben werden, dies erfolgt mit den Parametern al und bt. Beides sind Winkel in Grad und werden im Gegenuhrzeigersinn von der positiven X-Achse aus gemessen.

Beispiele für die Anwendung von *circarc*, *ellipse*, *circarc* und *ellarc* finden sich in *demo2* (2.2).

```
      subroutine circle(x,y,r,lci)
c
c     Draw a circle
c
      common /color/ icolor
      dimension px(3),py(3)
c
      px(1) = x
      py(1) = y
      px(2) = x+r
      py(2) = y
      px(3) = x
```

```fortran
      py(3) = y+r
      call gsplci(icolor)
      if (lci.eq.0) call gsplci(0)
      if (lci.gt.0) call gsln(lci)
      call ggdp(3,px,py,-3,0,dummy)
      return
      end




      subroutine ellipse(x,y,rx,ry,lci)
c
c     Draw an ellipse
c
      common /color/ icolor
      dimension px(3),py(3)
c
      px(1) = x
      py(1) = y
      px(2) = x+rx
      py(2) = y
      px(3) = x
      py(3) = y+ry
      call gsplci(icolor)
      if (lci.eq.0) call gsplci(0)
      if (lci.gt.0) call gsln(lci)
      call ggdp(3,px,py,-3,0,dummy)
      return
      end




      subroutine circarc(x,y,r,al,bt,lci)
c
c     Draw a circular arc
c
      common /color/ icolor
      dimension px(4),py(4)
c
      alr = al*3.141592654/180.
      btr = bt*3.141592654/180.
      px(1) = x
      py(1) = y
      if (abs(sin(alr)).lt..707) then
        px(2) = x
        py(2) = y+r
      else
        px(2) = x+r
        py(2) = y
      endif
      px(3) = x+cos(alr)*r
      py(3) = y+sin(alr)*r
      px(4) = x+cos(btr)*r
      py(4) = y+sin(btr)*r
```

```
      call gsplci(icolor)
      if (lci.eq.0) call gsplci(0)
      if (lci.gt.0) call gsln(lci)
      call ggdp(4,px,py,-4,0,dummy)
      return
      end



      subroutine ellarc(x,y,rx,ry,al,bt,lci)
c
c     Draw an elliptical arc
c
      common /color/ icolor
      dimension px(4),py(4)
c
      alr = al*3.141592654/180.
      btr = bt*3.141592654/180.
      px(1) = x
      py(1) = y
      if (abs(sin(alr)).lt..707) then
        px(2) = x
        py(2) = y+ry
      else
        px(2) = x+rx
        py(2) = y
      endif
      px(3) = x+cos(alr)*rx
      py(3) = y+sin(alr)*ry
      px(4) = x+cos(btr)*rx
      py(4) = y+sin(btr)*ry
      call gsplci(icolor)
      if (lci.eq.0) call gsplci(0)
      if (lci.gt.0) call gsln(lci)
      call ggdp(4,px,py,-4,0,dummy)
      return
      end
```

3.6 Area/Fill Macros

Neben reinen Punkt- und Strichzeichnungen bietet GKS die
Möglichkeit, Flächen farbig anzulegen oder mit einem Muster oder
einer Schraffur auszufüllen.

Das einfachste Flächenfüllprogramm ist *paint*. Mit *paint* können Flächen mit geschlossenem Umriß, ausgehend von einem Punkt in ihrem Inneren, 'ausgemalt' werden. Die beiden ersten Parameter beim Aufruf von *paint* geben die Koordinaten des Ausgangspunkts an, die letzten drei Parameter definieren die Füllung:

ici   legt die Farbe der Füllung fest:
>0 = schwarz (auf Papier: weiß)
>1 = Standardfarbe (auf Papier: schwarz)

ist   legt den Typ der Füllung fest:
>0 = keine Füllung ('hollow')
>1 = vollflächig ('solid')
>2 = Muster ('pattern')
>3 = Schraffur ('hatch')

jst   legt die Dichte der Füllung fest:
>1 (4) = eng
>2 (5) = mittel
>3 (6) = weit

Bei ist=2 sind in WATCOM GKS nur zwei Muster definiert. Bei der EGA-Graphikkarte erscheinen sie als die beiden ersten Farben der Farbskala (siehe *setcolor* in 3.3), bei der EGA-Karte mit Monochrom-Monitor blinkt deshalb das zweite Muster. Die Zahlen in Klammern zusammen mit ist=3 resultieren in einer Kreuzschraffur.

Die Füllung beginnt beim angegeben Punkt und setzt sich nach allen Seiten bis zur Umgrenzung der Fläche fort. Das bedeutet, daß die auszufüllende Fläche mit einer geschlossenen Linie umgrenzt sein muß. Hat die Umrißlinie eine Lücke, 'läuft' die Füllung 'aus' und überflutet möglicherweise den ganzen Bildschirm. Aus demselben Grund sind durch Überlagerung mehrerer Muster oder Schraffuren gebildete Füllungen mit *paint* nicht möglich. Ein Beispiel für die Anwendung von *paint* enthält *demo2* (2.2).

```
      subroutine paint(x,y,ici,ist,jst)
c
c     Fill area
c
      common /color/ icolor
      if (ici.eq.0) call gsfaci(0)
```

```
if (ici.gt.0) call gsfaci(icolor)
call gsfais(ist)
if (ist.gt.1) call gsfasi(jst)
call ggdp(1,x,y,-6,0,dummy)
return
end
```

Weitaus vielseitigere Möglichkeiten der Flächendarstellung bietet das Unterprogramm *polygon*. Mit *polygon* können beliebig komplexe Flächenformen mit oder ohne Umrandung und mit oder ohne Ausfüllung dargestellt werden. Darüber hinaus kann durch Überlagerung der auch in *paint* benutzten Flächenfüllungen mit Hilfe von *pmode* (3.4) eine Vielzahl weiterer Muster und Schraffuren erzeugt werden. Ein Teil von ihnen ist bereits in *polygon* vorprogrammiert. Die Auswahl einer Kombination von Umrandung und Ausfüllung erfolgt durch die letzten vier Parameter des Aufrufs von *polygon*:

lci legt die Art der Umrandung fest:
   0 keine Umrandung
   1 durchgehend
   2 gestrichelt
   3 punktiert
   4 strichpunktiert

ici legt die Farbe der Füllung fest:
   0 schwarz (auf Papier: weiß)
   1 Standardfarbe (auf Papier: schwarz)

ist legt den Typ der Füllung fest:
   0 keine Füllung
   1 vollflächig
   2-5 Zeilen 2-5 in Abbildung 4

jst legt die Dichte der Füllung fest:
   1-6 Spalten 1-6 in Abbildung 4

Jede Umrandung kann mit jeder Ausfüllung kombiniert werden. Die Parameterkombinationen 0,0,1,0 und 0,1,1,0 erzeugen die 'schwarze' bzw. die 'weiße' Fläche, 1,0,0,0 bis 4,0,0,0 erzeugen nicht gefüllte Flächen mit verschiedenen Umrandungen, 1,0,1,0 ergibt eine 'undurchsichtige' schwarze Fläche mit Umrandung. Sämtliche mit den vier Parametern erzielbaren Kombinationen von Umrandung und Ausfüllung sind mit *demo4* (2.3) in Abbildung 4 dargestellt. Die über die bei *paint* angegebenen Werte hinausgehenden Kombinationen von ist und jst gehören nicht zum Angebot an Flächenfüllungen von GKS, sondern werden durch Überlagerungen einfacherer Muster bzw. Schraffuren - teilweise mit Verknüpfung durch XOR oder AND - erzeugt. Sie können deshalb auf vektororientierten Ausgabegeräten wie Trommel- oder Flachbettplottern nicht ausgeführt werden.

```
      subroutine polygon(n,x,y,lci,ici,ist,jst)
c
c     Draw a polygon with or without fill
c
      common /color/ icolor
      dimension x(n),y(n),mc(6,5)
c
      character mc*12,pm*1
c
      data mc /6*' ',
     *'21','22','10x31x34','31x34','31x33a36','34x36',
     *'31','32','33','34','35','36',
     *'31a32x32a36','31x34a32','31x36a31','10a31a32',
     *'31a32x31a35','31x32',
     *'31a36x33a32','31a36x31a32','10a32a33',
     *'31x34a36','32x35','33x36'/
c     *'10a31a32','10a32a33','31x34a32','31a36x33a32',
c     *'31x36a31','31a36x31a32',
c     *'31a32x32a36','31a32x31a35','31x32','31x34a36',
c     *'32x35','33x36'/
c
      goto (10,20,30,30,30,30),ist+1
   10 if (lci.eq.0) then
        call gsfaci(0)
        call gsfais(0)
      else
        if (lci.gt.0) call gsln(lci)
        call gsfaci(icolor)
        call gsfais(0)
      endif
      call gfa(n,x,y)
      return
   20 call gsfaci(icolor)
      if (ici.eq.0) call gsfaci(0)
      call gsfais(1)
      call gfa(n,x,y)
      if (lci.eq.0) return
      call gsln(lci)
      call gsfaci(icolor)
      call gsfais(0)
      call gfa(n,x,y)
      return
   30 lc = 0
```

```
      do 100 ic=1,4
      istc = ichar(mc(jst,ist)(lc+1:lc+1))-48
      jstc = ichar(mc(jst,ist)(lc+2:lc+2))-48
      call gsfaci(icolor)
      call gsfais(istc)
      if (istc.gt.1) call gsfasi(jstc)
      call gfa(n,x,y)
      lc = lc+3
      pm = mc(jst,ist)(lc:lc)
      if (pm.eq.' ') goto 101
      call pmode(pm)
  100 continue
  101 call pmode('r')
      if (lci.eq.0) return
      call gsln(lci)
      call gsfaci(icolor)
      call gsfais(0)
      call gfa(n,x,y)
      return
      end
```

Die drei ersten Parameter von *polygon* beschreiben den Umriß der zu zeichnenden Fläche in Form von zwei Vektoren x und y mit je n Koordinaten. Diese Art der Eingabe ist bei einfachen Flächenformen unbequem.

Deshalb wurden für eine Reihe von häufig auftretenden Grundformen Unterprogramme entwickelt, die die für *polygon* erforderlichen Koordinatenwerte bereitstellen. Sie alle rufen *polygon* auf und teilen diesem die letzten vier Parameter zur Festlegung der Umrandung und Ausfüllung mit:

Mit *box* entsteht ein Rechteck mit den Eckpunktkoordinaten x1,y1 und x2,y2:

```
      subroutine box(x1,y1,x2,y2,lci,ici,ist,jst)
c
c     Draw a box with or without fill
c
      dimension x(4),y(4)
c
      x(1) = x1
      y(1) = y1
      x(2) = x1
      y(2) = y2
      x(3) = x2
      y(3) = y2
      x(4) = x2
      y(4) = y1
```

```
      call polygon(4,x,y,lci,ici,ist,jst)
      return
      end
```

Mit *frame* wird ein rechteckiger Rahmen mit den außenliegenden Eckpunktkoordinaten x1,y1 und x2,y2 erzeugt. Die Rahmendicke beträgt d:

```
      subroutine frame(x1,y1,x2,y2,d,lci,ici,ist,jst)
c
c     Draw a rectangular frame
c     with or without fill
c
      dimension x(8),y(8)
c
      if (lci.gt.0) call gsln(lci)
      x(1) = min(x1,x2)
      y(1) = (y1+y2)*.5
      x(2) = x(1)
      y(2) = max(y1,y2)
      x(3) = max(x1,x2)
      y(3) = y(2)
      x(4) = x(3)
      y(4) = y(1)
      x(5) = x(4)-d
      y(5) = y(4)
      x(6) = x(5)
      y(6) = y(2)-d
      x(7) = x(1)+d
      y(7) = y(6)
      x(8) = x(7)
      y(8) = y(1)
      call polygon(8,x,y,0,ici,ist,jst)
      if (lci.eq.0) goto 10
      call gpl(4,x,y)
      if (ist.eq.0) call gpl(4,x(5),y(5))
   10 y(2) = min(y1,y2)
      y(3) = y(2)
      y(6) = y(3)+d
      y(7) = y(6)
      call polygon(8,x,y,0,ici,ist,jst)
      if (lci.eq.0) return
      call gpl(4,x,y)
      if (ist.eq.0) call gpl(4,x(5),y(5))
      return
      end
```

Mit *disk* wird eine elliptische Scheibe mit dem Mittelpunkt x,y und den halben Hauptachsen rx und ry gezeichnet. Sind rx und ry gleich, entsteht eine kreisrunde Fläche:

```fortran
      subroutine disk(x,y,rx,ry,lci,ici,ist,jst)
c
c     Draw a circle or an ellipse
c     with or without fill
c
      dimension px(180),py(180),wn(4),vp(4)
c
      call gqnt(1,ierr,wn,vp)
      n = min(30.+ry/(wn(4)-wn(3))*150.,180.)
      dt = 6.283185308/n
      c = cos(dt)
      s = sin(dt)
      a = rx/ry
      ss = s/a
      s = s*a
      px(1) = rx
      py(1) = 0
      do 100 i=2,n
      j = i-1
      px(i) = px(j)*c-py(j)*s
      py(i) = py(j)*c+px(j)*ss
  100 continue
      do 200 i=1,n
      px(i) = px(i)+x
      py(i) = py(i)+y
  200 continue
      call polygon(n,px,py,lci,ici,ist,jst)
      return
      end
```

Mit *wedge* entsteht ein Kreis- oder Ellipsensegment. Die Parameter sind dieselben wie bei *disk*, nur müssen zusätzlich Anfangs- und Endwinkel des Segments al und bt angegeben werden:

```fortran
      subroutine wedge(x,y,rx,ry,al,bt,lci,ici,ist,jst)
c
c     Draw a circular or elliptical
c     wedge with or without fill
c
      dimension px(180),py(180),wn(4),vp(4)
c
      call gqnt(1,ierr,wn,vp)
      n = min(30.+ry/(wn(4)-wn(3))*150.,178.)
      du = (bt-al)/360.
      if (du.le.0.) du = du+1.
      n = max(n*du,2.)
      dt = du*6.283185308/n
      alr = al*3.141592654/180.
      btr = bt*3.141592654/180.
      c = cos(dt)
      s = sin(dt)
```

```fortran
      a = rx/ry
      ss = s/a
      s = s*a
      px(1) = rx*cos(alr)
      py(1) = ry*sin(alr)
      do 100 i=2,n+1
      j = i-1
      px(i) = px(j)*c-py(j)*s
      py(i) = py(j)*c+px(j)*ss
  100 continue
      do 200 i=1,n+1
      px(i) = px(i)+x
      py(i) = py(i)+y
  200 continue
      px(n+2) = x
      py(n+2) = y
      call polygon(n+2,px,py,lci,ici,ist,jst)
      return
      end
```

Wie bei *circarc* und *ellarc* werden alle Winkel in Grad angegeben und im Gegenuhrzeigersinn von der positiven X-Achse aus gemessen. Dies gilt für alle Unterprogramme.

Mit *ring* schließlich wird ein kreisförmiges oder elliptisches Ringsegment erzeugt. Die Parameter sind dieselben wie bei *wedge*, nur wird zusätzlich noch die Dicke des Rings d angegeben. Sind al und bt gleich, entsteht ein Vollring. Eine Umrandung, sofern vorgesehen, wird nur an der Außenseite des Rings gezeichnet:

```fortran
      subroutine ring(x,y,rx,ry,d,al,bt,lci,ici,ist,jst)
c
c     Draw a circular or elliptical ring
c     segment with or without fill
c
      dimension px(180),py(180),wn(4),vp(4)
c
      call gqnt(1,ierr,wn,vp)
      n = min(30.+ry/(wn(4)-wn(3))*150.,178.)
      du = (bt-al)/360.
      if (du.le.0.) du = du+1.
      n = max(n*du,2.)
      n = n+mod(n,2)
      dt = du*6.283185308/n
      nh = n/2
      alr = al*3.141592654/180.
      btr = bt*3.141592654/180.
      c = cos(dt)
      s = sin(dt)
      b = (rx-d)/(ry-d)
```

```
      a = rx/ry
      tt = s/b
      ss = s/a
      t = s*b
      s = s*a
      do 100 is=1,2
      px(1) = rx*cos(alr)
      px(n+2) = px(1)-d*cos(alr)
      py(1) = ry*sin(alr)
      py(n+2) = py(1)-d*sin(alr)
      do 110 i=2,nh+1
      j = i-1
      k = n+3-i
      l = k+1
      px(i) = px(j)*c-py(j)*s
      px(k) = px(l)*c-py(l)*t
      py(i) = py(j)*c+px(j)*ss
      py(k) = py(l)*c+px(l)*tt
  110 continue
      do 120 i=1,n+2
      px(i) = px(i)+x
      py(i) = py(i)+y
  120 continue
      alr = alr+nh*dt
      call polygon(n+2,px,py,0,ici,ist,jst)
      if (lci.eq.0) goto 100
      call gsln(lci)
      call gpl(nh+1,px,py)
      if (ist.gt.0) goto 100
      call gpl(nh+1,px(nh+2),py(nh+2))
      if (du.eq.1.) goto 100
      if (is.eq.1) call line(px(1),py(1),px(n+2),py(n+2),lci)
      if (is.eq.2) call line(px(nh+1),py(nh+1),px(nh+2),py(nh+2),
     *lci)
  100 continue
      return
      end
```

Beispiele für die Anwendung von *box, frame, disk, wedge* und *ring* enthalten *demo4* (2.3) und *demo5* (2.3).

Eine besondere Art von auszufüllender Fläche ist eine 'dicke' Linie. Da GKS in der vorliegenden Version nur eine Strichstärke anbietet, müssen stärkere Linien als 'lange Rechtecke' programmiert werden. Die Unterprogramme *tline* und *tpline* erleichtern diese Aufgabe.

Mit *tline* wird ein einzelner dicker Geradenabschnitt gezeichnet. Wie bei *line* (3.5) bezeichnen x1,y1 und x2,y2 die Koordinaten der Endpunkte. Die Dicke d wird zur Hälfte an beiden Seiten der

Geraden von x1,y1 nach x2,y2 angetragen. Der Parameter m ist hier eine zweistellige Zahl. Sie gibt an, wie Anfang (Zehnerstelle) und Ende (Einerstelle) der Geraden ausgebildet werden sollen:

1 = rund geschlossen
2 = stumpf geschlossen
3 = senkrecht geschlossen
4 = rund offen
5 = stumpf offen
6 = senkrecht offen

Auf diese Weise kann *tline* auch zum Zeichnen einer Vielzahl von Formen wie schrägliegenden Rechtecken, Parallelogrammen, Trapezen usw. verwendet werden. Bei zu großer Steigung der Geraden wird ein senkrechter Abschluß automatisch in einen stumpfen umgewandelt. Auch hier bedeuten lci, ici, ist und jst dasselbe wie bei *polygon* (3.6). In dem einfachen Beispiel in *demo1* (2.1) wird *tline* zum Zeichnen einer Doppellinie verwendet.

```fortran
      subroutine tline(x1,y1,x2,y2,d,m,lci,ici,ist,jst)
c
c     Thick line with or without fill
c       .xx  1/2/3  round/flat/vertical closed
c       .xx  4/5/6  round/flat/vertical open
c
      common /angles/ g1,g2
      dimension x(4),y(4),wn(4),vp(4)
c
      r = d*.5
      k = abs(m)
      k1 = mod(k,100)/10
      k2 = mod(k,10)
      mk = 0
      al = angle(x1,y1,x2,y2)
      sc = 0.
      cs = 0.
      if (m.lt.0) then
        call gqnt(1,ierr,wn,vp)
        dc = (wn(4)-wn(3))*.004
        r = r-dc
        sc = dc*cos(al)
        cs = dc*sin(al)
      endif
      if (k1.eq.0) then
        d1 = al-g1
        e = r/sin(d1)
        s = e*cos(-g1)
```

```fortran
      c = e*sin(-g1)
    else if (mod(k1,3).eq.0.and.abs(x2-x1).ge.r) then
      s = 0.
      c = r/cos(al)
    else
      s = r*sin(al)
      c = r*cos(al)
      mk = 1
    endif
    x(1) = x1+s+sc
    y(1) = y1-c+cs
    x(4) = x1-s+sc
    y(4) = y1+c+cs
    if (k2.eq.0) then
      dl = al-g2
      e = r/sin(dl)
      s = e*cos(-g2)
      c = e*sin(-g2)
    else if (mod(k2,3).eq.0.and.abs(x2-x1).ge.r) then
      s = 0.
      c = r/cos(al)
    else if (mk.ne.1) then
      s = r*sin(al)
      c = r*cos(al)
    endif
    x(2) = x2+s-sc
    y(2) = y2-c-cs
    x(3) = x2-s-sc
    y(3) = y2+c-cs
    if (mod(k1,3).eq.1.or.mod(k2,3).eq.1) goto 10
    if (ist.gt.0 ) call polygon(4,x,y,0,ici,ist,jst)
    if (lci.eq.0) return
    call line(x(1),y(1),x(2),y(2),lci)
    call line(x(4),y(4),x(3),y(3),lci)
    if (k1.eq.2.or.k1.eq.3) call line(x(1),y(1),x(4),y(4),lci)
    if (k2.eq.2.or.k2.eq.3) call line(x(2),y(2),x(3),y(3),lci)
    return
 10 if (ist.gt.0) then
      if (mod(k1,3).eq.1) call disk(x1,y1,r,r,0,ici,ist,jst)
      call polygon(4,x,y,0,ici,ist,jst)
      if (mod(k2,3).eq.1) call disk(x2,y2,r,r,0,ici,ist,jst)
    endif
    if (lci.eq.0) return
    if (k1.eq.2.or.k1.eq.3) call line(x(1),y(1),x(4),y(4),lci)
    call line(x(1),y(1),x(2),y(2),lci)
    call line(x(4),y(4),x(3),y(3),lci)
    if (k2.eq.2.or.k2.eq.3) call line(x(2),y(2),x(3),y(3),lci)
    if (k1.eq.1.or.k2.eq.1) then
      al1 = al*57.29578+90.
      al2 = al1+180.
      if (k1.eq.1) call circarc(x1,y1,r,al1,al2,lci)
      if (k2.eq.1) call circarc(x2,y2,r,al2,al1,lci)
    endif
    return
    end
```

Hauptsächlich wird *tline* aber als Baustein für *tpline* benötigt. Mit *tpline* wird (analog zu *pline*) eine Folge von dicken Geradenabschnitten gezeichnet. Genau wie bei *pline* werden die Koordinaten der Stützpunkte der Folge von Geraden in zwei Vektoren mit je n Elementen übergeben. Die Ausbildung ihres Anfangs und Endes wird wie bei *tline* durch die Zehner- und Einerstelle des Parameters m vorgegeben. Die Ausbildung der Knickpunkte wird in einer zusätzlichen Hunderterstelle des Parameters festgelegt:

0 = rund ('ball')
1 = eckig ('flash')

Mit 'ball' ist gemeint, daß der Knickpunkt zwischen zwei benachbarten Geradenabschnitten wie ein Kugelgelenk ausgebildet ist, während sich ihre Kanten bei 'flash' wie bei einem Blitzstrahl auf ihren Winkelhalbierenden schneiden. Bei sehr spitzen Winkeln zwischen zwei benachbarten Geradenabschnitten wird automatisch 'ball' gewählt. Bei sich kreuzenden oder überschneidenden dicken Linien mit Ausfüllung und Umrandung werden die Umrandungslinien im Überschneidungsbereich gelöscht, d.h. es werden nur die äußeren Umrisse der entstehenden Fläche gezeichnet.

```
      subroutine tpline(n,x,y,d,m,lci,ici,ist,jst)
c
c     Thick polyline with or without fill
c       x.. 0/1    ball/flash
c       .xx 1/2/3  round/flat/vertical closed
c       .xx 4/5/6  round/flat/vertical open
c
      common /angles/ g1,g2
      dimension x(n),y(n),wn(4),vp(4),mt(90),al(90),gm(90),sl(90)
c
      r = d*.5
      k0 = m/100
      if (n.eq.2) k0 = 0
      k1 = mod(m,100)/10
      k2 = mod(m,10)
      mt(1) = k1*10+k2
      if (n.eq.2) goto 10
      mi= 1-k0
      mm = k0*100+11*mi
      mt(1) = k1*10+mi
      do 100 i=2,n-2
      mt(i) = mm
100   continue
      mt(n-1) = mi*10+k2
```

```fortran
      if (k0.eq.0) goto 10
      do 200 i=1,n-1
      sl(i) = sqrt((x(i+1)-x(i))**2+(y(i+1)-y(i))**2)
      al(i) = angle(x(i),y(i),x(i+1),y(i+1))
  200 continue
      al(n) = 0.
      do 300 i=1,n-1
      gm(i) = (al(i)+al(i+1))*.5-1.5707963
      if (i.lt.n-1) then
        dl = al(i)-gm(i)
        a = min(sl(i),sl(i+1))*tan(dl)
        if (abs(a).lt.r) then
          mt(i) = mt(i)/10*10+1
          mt(i+1) = 10+mod(mt(i+1),10)
        endif
      endif
  300 continue
      g2 = 0.
   10 if (ist.eq.0.or.(ici.eq.0.and.ist.eq.1)) goto 20
      do 400 i=1,n-1
      if (k0.eq.0) goto 401
      g1 = g2
      g2 = gm(i)
  401 call tline(x(i),y(i),x(i+1),y(i+1),d,mt(i),0,ici,ist,jst)
  400 continue
   20 if (lci.eq.0) return
      do 500 i=1,n-1
      if (k0.eq.0) goto 501
      g1 = g2
      g2 = gm(i)
  501 call tline(x(i),y(i),x(i+1),y(i+1),d,mt(i),lci,0,0,0)
  500 continue
      if (ist.eq.0) return
      do 600 i=1,n-1
      if (k0.eq.0) goto 601
      g1 = g2
      g2 = gm(i)
  601 call tline(x(i),y(i),x(i+1),y(i+1),d,-mt(i),0,ici,ist,jst)
  600 continue
      return
      end
```

Die verschiedenen Arten von dicken Linien, die mit *tpline* erzeugt werden können, sowie die Parameterkombinationen, die dazu nötig sind, veranschaulicht *demo6* (2.3) in Abbildung 7.

3.7 Text Macros

Die ersten beiden Makro-Unterprogramme zur Textverarbeitung dienen zur Abfrage des Zeichenpuffers der Tastatur. Diese Funktionen sind nützlich, wenn ein Programm bis zum Berühren einer Taste durch den Benutzer laufen soll, oder ein über die Tastatur eingegebener Text nicht auf dem Bildschirm erscheinen soll.

Ein einfacher Test des Tastaturpuffers ist *keybd*. Wenn der Wert dieser Funktion null ist, wurde keine Taste gedrückt:

```
      Function keybd()
c
c     Test keyboard buffer
c     (0=empty)
c
      integer*1 reg(20)
c
      reg(2) = 11
      call intr(33,reg)
      keybd = reg(1)
      end
```

Mit *inkey* kann dagegen der Inhalt des Tastaturpuffers ermittelt werden. Die von *inkey* zurückgegebenen Parameter sind die Länge n des Puffers und sein Inhalt in der Zeichenvariablen chr mit bis zu 15 Zeichen. Ist n = 0, wurde keine Taste gedrückt:

```
      subroutine inkey(n,chr)
c
c     Read keyboard buffer
c     (n=length)
c
      integer*1 reg(20),ic(15)
      character cr*1(15),chr*15
c
      equivalence (ic,cr)
c
      n = 0
      if (keybd().eq.0) return
   10 n = n+1
      reg(2) = 8
      call intr(33,reg)
      ic(n) = reg(1)
      chr(n:n) = cr(n)
```

```
      if (keybd().ne.0) goto 10
      return
      end
```

Die Anwendung von *keybd* und *inkey* zum Abfangen von Tastatureingaben wird in *demo5* (2.3) demonstriert.

Die nächsten beiden Unterprogramme *getchar* und *putchar* entsprechen *getdot* und *putdot*, nur daß hier nicht ein Bildpunkt, sondern jeweils ein Zeichen gelesen und geschrieben wird. Die Position auf dem Bildschirm wird mit Zeile ir und Spalte ic angegeben, wobei ic je nach Video-Modus (siehe 3.3) maximal 80 oder 90 betragen kann. Nach dem Aufruf von *getchar* und *putchar* steht der Cursor an derselben Stelle wie vor dem Aufruf:

```
      character function getchar(ir,ic)
c
c     Get character at position ir,ic
c     without changing cursor position
c     (ROM font, 80/90 cpl)
c
      integer*1 reg(20)
c
      call askcur(jr,jc)
      call setcur(ir,ic)
      reg(2) = 8
      reg(4) = 0
      call intr(16,reg)
      getchar = char(reg(1))
      call setcur(jr,jc)
      return
      end



      subroutine putchar(ir,ic,chr)
c
c     Put character chr at position ir,ic
c     without changing cursor position
c     (ROM font, 80/90 cpl)
c
      integer*1 reg(20)
      character*1 chr
c
      call askcur(jr,jc)
      call setcur(ir,ic)
      reg(2) = 9
      reg(3) = 7
      reg(4) = 0
```

```
      reg(5) = 1
      reg(6) = 0
      reg(1) = ichar(chr)
      call intr(16,reg)
      call setcur(jr,jc)
      return
      end
```

Aus mehreren Zeichen bestehende Texte werden mit *write*, *wrte*, *text* oder mit einem der beiden RAM-Font-Unterprogramme *gothic6* oder *gothic8* ausgegeben. Die Unterschiede zwischen diesen Unterprogrammen sind die folgenden:

Mit *write* und *wrte* wird die Zeichenvariable txt im ROM-Font des PC (siehe 2.4) auf dem Bildschirm ausgegeben, bei *wrte* je nach Video-Modus und Graphikkarte (siehe *askvideo* in 3.3) mit 80 oder 90 Zeichen je Zeile. Die Unterprogramme unterscheiden sich lediglich durch die Art der Positionierung der Schrift: Bei *wrte* werden Zeile und Spalte direkt angegeben, während sie bei *write* aus den Bildkoordinaten x und y berechnet werden. Die Koordinaten x und y bezeichnen dabei die linke untere Ecke des ersten Zeichens (ohne Unterlängen). Bei der Umrechnung in Zeilen und Spalten wird auf- oder abgerundet, so daß die Position der Schrift nicht genau den eingegebenen Koordinaten entsprechen muß.

Bei beiden Unterprogrammen bleibt der Cursor nach der Ausführung hinter dem zuletzt geschriebenen Zeichen stehen. Dies ist nützlich für Bildschirmdialoge, bei denen eine Antwort direkt hinter der entsprechenden Frage eingegeben werden soll. Allerdings wurde hier eine Erweiterung von WATFOR-77 gegenüber dem FORTRAN77-Standard, der $-Formatschlüssel, verwendet (siehe Referenzkarten in 7.):

```
      subroutine write(x,y,txt)
c
c     Write text near x,y
c     (ROM font, 80/90 cpl)
c
      dimension wn(4),vp(4)
      character*(*) txt
c
      call askvideo(m,nc)
      call gqnt(1,ierr,wn,vp)
```

```
          ir = 25.01-(y-wn(3))/(wn(4)-wn(3))*25.
          ic = (x-wn(1))/(wn(2)-wn(1))*nc+1.
          call setcur(ir,ic)
          write (6,'(a,$)') txt
          return
          end



          subroutine wrte(ir,ic,txt)
c
c         Write text at position ir,ic
c         (ROM font, 80/90 cpl)
c
          character*(*) txt
c
          call setcur(ir,ic)
          write (6,'(a,$)') txt
          return
          end
```

Mit *text* dagegen wird Schrift in einer der beiden GKS-Graphik-Schriften (siehe 2.4) erzeugt. Bei diesen Schriften können die Richtung der Schrift sowie Größe, Breite und Abstand der Zeichen variiert werden. Das geschieht mit den folgenden Parametern:

ift   Font (1 oder 2)
al   Richtung der Schrift
ht   Höhe der Buchstaben
xpf   Breitenfaktor
spf   Abstandsfaktor

Die Richtung der Schrift wird durch ihren Winkel zur positiven X-Achse definiert, d.h. al=0 bedeutet waagerechte Schrift. Die Höhe der Buchstaben wird in den Koordinaten des aktuellen Windows angegeben. Der Breitenfaktor dient zur Modifikation der Buchstabenbreite; xpf=1 bedeutet die Standardbreite. Mit dem Abstandsfaktor wird der Abstand zwischen den Buchstaben in Bruchteilen von ht festgelegt; spf=0 bedeutet normalen Abstand:

```
          subroutine text(x,y,ift,al,ht,xpf,spf,txt)
c
c         Draw text (GKS fonts)
c
          common /color/ icolor
          character*(*) txt
```

```
c
      alr = al*.0174533
      px = -sin(alr)
      py = cos(alr)
      call gstxfp(ift,ift)
      call gschup(px,py)
      call gschh(ht)
      call gschxp(xpf)
      call gschsp(spf)
      call gstxci(icolor)
      call gtx(x,y,txt)
      return
      end
```

Mit den Unterprogrammen *gothic6* und *gothic8* werden die beiden selbstentwickelten RAM-Fonts (siehe 2.4) geschrieben. Da diese Schriften ein festes Punktmuster erzeugen, kann bei ihnen nur der Abstandsfaktor spf variiert werden (zur Erzeugung weiterer RAM-Fonts siehe 6.1).

Die Anwendung von *write, wrte, text, gothic6* und *gothic8* wird in *demo7* (2.4) demonstriert.

```
      subroutine gothic6(x,y,spf,txt)
c
c     Draw text with GOTHIC6 (6x9 pixels)
c
      common /g6/ pic(1)
      dimension tpic(1),wn(4),vp(4),ind(256)
      character tpic*33,pic*2800,fin*24,txt*(*),wfram*12
      integer dosenv
c
c$nocheck
      data tpic(1)(1:6) /z060009000100/
      data ind /
     *20*30,71,11*30,73,74,75,76,77,78,79,81,82,83,84,85,86,87,88,
     *61,62,63,64,65,66,67,68,69,70,89,90,91,92,93,94,30,
     *01,02,03,04,05,06,07,08,09,10,11,12,13,14,15,16,17,18,19,
     *20,21,22,23,24,25,26,4*30,95,30,31,32,33,34,35,36,37,38,
     *39,40,41,42,43,44,45,46,47,48,49,50,51,52,53,54,55,56,
     *6*30,59,96,30,57,5*30,97,3*30,27,5*30,58,4*30,28,29,
     *70*30,60,22*30,98,4*30,99,100,30,30/
c
      ncb = 1
      call askvideo(m,nc)
      if (nc.eq.80) ncb = 2
      if (m.eq.16) ncb = 4
      tpic(1)(5:5) = char(ncb)
      if (pic(1)(1:1).ne.char(128)) goto 10
      l = dosenv('RAM',wfram)
```

```fortran
       fin = wfram(1:1)//'gothic6.ft'//char(48+ncb)
       call loadpic(fin,pic)
 10    call gqdsp(10,ierr,0,w,h,nw,nh)
       call gqnt(1,ierr,wn,vp)
       px = (wn(2)-wn(1))/nw
       py = (wn(4)-wn(3))/nh
       ya = y+7.5*py
       nc = len(txt)
       nbp = (54*ncb-1)/8+1
       do 100 ic=1,nc
       xa = x+(ic-1)*6.*(1.+spf)*px
       iba = (ind(ichar(txt(ic:ic)))-1)*nbp+1
       tpic(1)(7:6+nbp) = pic(1)(iba+6:)
       call putpic(xa,ya,tpic)
 100   continue
       return
       end




       subroutine gothic8(x,y,spf,txt)
c
c      Draw text with GOTHIC6 (8x12 pixels)
c
       common /g8/ pic(1)
       dimension tpic(1),wn(4),vp(4),ind(256)
       character tpic*54,pic*4960,fin*24,txt*(*),wfram*12
       integer dosenv
c
c$nocheck
       data tpic(1)(1:6) /z08000C000100/
       data ind /
      *20*30,71,11*30,73,74,75,76,77,78,79,81,82,83,84,85,86,87,88,
      *61,62,63,64,65,66,67,68,69,70,89,90,91,92,93,94,30,
      *01,02,03,04,05,06,07,08,09,10,11,12,13,14,15,16,17,18,19,
      *20,21,22,23,24,25,26,4*30,95,30,31,32,33,34,35,36,37,38,
      *39,40,41,42,43,44,45,46,47,48,49,50,51,52,53,54,55,56,
      *6*30,59,96,30,57,5*30,97,3*30,27,5*30,58,4*30,28,29,
      *70*30,60,22*30,98,4*30,99,100,30,30/
c
       ncb = 1
       call askvideo(m,nc)
       if (nc.eq.80) ncb = 2
       if (m.eq.16) ncb = 4
       tpic(1)(5:5) = char(ncb)
       if (pic(1)(2:2).ne.char(128)) goto 10
       l = dosenv('RAM',wfram)
       fin = wfram(1:1)//'gothic8.ft'//char(48+ncb)
       call loadpic(fin,pic)
 10    call gqdsp(10,ierr,0,w,h,nw,nh)
       call gqnt(1,ierr,wn,vp)
       px = (wn(2)-wn(1))/nw
       py = (wn(4)-wn(3))/nh
       ya = y+9.5*py
```

```
      nc = len(txt)
      nbp = (96*ncb-1)/8+1
      do 100 ic=1,nc
      xa = x+(ic-1)*8.*(1.+spf)*px
      iba = (ind(ichar(txt(ic:ic)))-1)*nbp+1
      tpic(1)(7:6+nbp) = pic(1)(iba+6:)
      call putpic(xa,ya,tpic)
  100 continue
      return
      end
```

3.8 Picture Macros

Die unter dieser Überschrift zusammengefaßten Unterprogramme ermöglichen es, rechteckige Bildschirmausschnitte ('Pictures') in kompakter Form als 'packed pixel arrays' abzuspeichern.

Mit *getpic* wird ein durch zwei Ecken definierter Bildschirmausschnitt in ein Zeichenfeld pic im Arbeitsspeicher übertragen. Die ersten vier Parameter von *getpic* geben die beiden Ecken des Bildschirmausschnitts an, dabei ist die linke obere Ecke zuerst zu definieren. Jedes Feldelement von pic ist 80 Zeichen lang. Die Anzahl der zur Abspeicherung eines Bildschirmausschnitts in pic erforderlichen Feldelemente ist

$$\text{lpic} = ((\text{mw*mh*ncb}-1)/8 + 6)/80 + 1$$

Hierbei sind mw und mh die Breite und Höhe des Bildschirmausschnitts in Bildpunkten (die man durch die GKS-Funktion *gqpxad* erfahren kann), und ncb ist die Anzahl von Bits, die zur Darstellung eines Bildpunkts erforderlich sind. Dieser Parameter variiert mit der verwendeten Graphikkarte: Bei der HERCULES-Karte beträgt er 1, bei der EGA-Karte im Monochrombetrieb 2 und bei der EGA-Karte mit Farbmonitor 4. Mindestens lpic Feldelemente vom Typ CHARACTER*80 muß pic im *getpic* aufrufenden Programm haben, diese Zahl muß *getpic* auch als mpic übergeben werden. Ist mpic zu klein, teilt *getpic* die Mindestgröße von pic in lpic mit, so daß sich der Benutzer an die erforderliche Größe herantasten kann.

88

```fortran
      subroutine getpic(x1,y1,x2,y2,mpic,lpic,pic)
c
c     Read a packed pixel array from screen
c
      character cout*80,pic*(*)(*)
      dimension il(3),rl(2)
c
      if (x1.ge.x2) goto 10
      if (y1.le.y2) goto 10
      ncb = 1
      call askvideo(m,nc)
      if (nc.eq.80) ncb = 2
      if (m.eq.16) ncb = 4
      call gqpxad(1,x1,y1,x2,y2,ierr,mw,mh)
      lpic = ((mw*mh*ncb-1)/8+6)/80+1
      if (lpic.gt.mpic) goto 20
      il(1) = 1
      il(2) = mw
      il(3) = mh
      rl(1) = x1
      rl(2) = y1
      call gprec(3,il,2,rl,0,' ',80,ierr,lout,cout)
      call gesc(-2,lout,cout,mpic,lpic,pic)
      return
   10 write (6,6000)
      stop
   20 write (6,6010) lpic,mpic
      stop
c
 6000 format ('GETPIC: Coordinates of upper left corner first!')
 6010 format ('GETPIC: Pixel array requires',i4,' (>',i3,')')
     *records.')
      end
```

Ein mit *getpic* abgespeichertes Picture kann mit *putpic* an
beliebiger Stelle des Bildschirms wieder ausgegeben werden. Dazu
ist lediglich der linke obere Eckpunkt, an dem die Ausgabe begin-
nen soll, und der Name des Zeichenfeldes anzugeben:

```fortran
      subroutine putpic(x,y,pic)
c
c     Write a packed pixel array to screen
c
      character*(*) pic(1)
c
      mw = ichar(pic(1)(1:1))+256*ichar(pic(1)(2:2))
      mh = ichar(pic(1)(3:3))+256*ichar(pic(1)(4:4))
      ncb = ichar(pic(1)(5:5))
      lpic = ((mw*mh*ncb-1)/8+6)/80+1
      call ggdp(1,x,y,-5,lpic,pic)
      return
      end
```

Ein mit *getpic* abgespeichertes Picture kann jedoch auch für eine spätere Wiederverwendung in einer Datei auf Platte oder Diskette ausgelagert werden. Dies geschieht mit *savepic*. Hierzu ist nur die Angabe eines Dateinamens und des Zeichenfelds erforderlich. Die Angaben über die Breite und Höhe des Bildschirmausschnitts in Bildpunkten sowie die Anzahl der bits je Pixel (und damit die Anzahl der benutzten Zeichenfeldelemente) überträgt *getpic* mit in die Datei.

```
      subroutine savepic(fn,pic)
c
c     Save a packed pixel array to disk
c
      character fn*(*),pic*80(*)
c
      mw = ichar(pic(1)(1:1))+256*ichar(pic(1)(2:2))
      mh = ichar(pic(1)(3:3))+256*ichar(pic(1)(4:4))
      ncb = ichar(pic(1)(5:5))
      lpic = ((mw*mh*ncb-1)/8+6)/80+1
      open(89,file=fn,form='unformatted')
      rewind 89
      do 100 ir=1,lpic
      write (89) pic(ir)
  100 continue
      rewind 89
      return
      end
```

Mit *loadpic* wird eine solche Picture-Datei wieder eingelesen. Im *loadpic* aufrufenden Programm müssen hierfür genügend viele Elemente in einem Zeichenfeld bereitgestellt werden. Das eingelesene Picture kann sodann mit *putpic* wieder auf dem Bildschirm sichtbar gemacht werden. Wegen der unterschiedlichen Anzahl von Bits je Bildpunkt können mit einer bestimmten Graphikkarte erzeugte Picture-Dateien nicht mit einer anderen Karte ausgegeben werden.

```
      subroutine loadpic(fn,pic)
c
c     Load a packed pixel array from disk
c
      character fn*(*),pic*80(*)
c
      open(89,file=fn,form='unformatted')
      rewind 89
```

```
        read (89) pic(1)
        mw = ichar(pic(1)(1:1))+256*ichar(pic(1)(2:2))
        mh = ichar(pic(1)(3:3))+256*ichar(pic(1)(4:4))
        ncb = ichar(pic(1)(5:5))
        lpic = ((mw*mh*ncb-1)/8+6)/80+1
        do 100 ir=2,lpic
        read (89) pic(ir)
  100 continue
        rewind 89
        return
        end
```

Im Demonstrationsprogramm *demo8* (2.5) werden einige der Möglichkeiten von Pixel Arrays zur Bildverschiebung und Überlagerung von Bildausschnitten mit *pmode* (3.4) demonstriert.

3.9 Metafile Macros

Die drei folgenden Unterprogramme erleichtern das Arbeiten mit GKS-Metafiles (siehe 2.6).

Mit *ometa* wird ein GKS-Metafile für Output initialisiert (*gimo*), als GKS-Workstation eröffnet (*gopwk*) und aktiviert (*gacwk*). Als Parameter wird lediglich der Name des Metafiles benötigt. Der zweite Parameter von *gopwk* bestimmt das Format des Metafiles: null erzeugt einen ASCII- und eins einen Binärfile. Ein Beispiel eines Metafiles im druckbaren ASCII-Format zeigt Abbildung 11. In der Praxis wäre das Binärformat effizienter.

```
        subroutine ometa(fn)
c
c       Open GKS metafile for output
c
        character*(*) fn
c
        call gimo(23,fn)
        call gopwk(2,0,23)
        call gacwk(2)
        return
        end
```

Nach dem Aufruf von *ometa* wird jede Graphikausgabe des Programms außer auf den Bildschirm auch auf den Metafile ausgegeben. Nach Abschluß der Ausgabe wird der Metafile durch *cmeta* geschlossen:

```
      subroutine cmeta
c
c     Close GKS metafile
c
      call gdawk(2)
      call gclwk(2)
      return
      end
```

Mit *rmeta* wird ein GKS-Metafile gelesen und ausgeführt. Hierzu wird der Metafile für Input initialisiert (*gimi*) und als Workstation geöffnet (*gopwk*). Mit den GKS-Funktionen *ggtitm*, *grditm* und *giitm* werden die Graphikfunktionen gelesen und ausgeführt. Am Ende wird die Workstation geschlossen (*gclwk*):

```
      subroutine rmeta(fn)
c
c     Read and execute GKS metafile
c
      character fn*(*),cin*80
c
      call gimi(23,fn)
      call gopwk(2,0,23)
   10 call ggtitm(2,ityp,lin)
      if (ityp.eq.0) goto 20
      call grditm(2,lin,1,cin)
      call giitm(ityp,1,cin)
      goto 10
   20 call gclwk(2)
      return
      end
```

3.10 3D-Macros

Die perspektivische Darstellung dreidimensionaler Objekte erfordert eine Reihe von Transformationen vom dreidimensionalen Raum zur zweidimensionalen Bildebene (siehe Park, 1985). Die in diesem Abschnitt zusammengefaßten Unterprogramme leisten diese Umformung so allgemein, daß zwischen Parallelprojektion, Zentralperspektive und Perspektive mit mehreren Fluchtpunkten gewählt werden kann.

Der erste Schritt zur Erzeugung einer dreidimensionalen Darstellung ist die Festlegung der Projektionsart und der für sie benötigten Perspektivtransformationen. Das geschieht mit den Unterprogrammen *workbox3d* und *window3d*.

Die Aufgabe von *workbox3d* ist die Transformation von dreidimensionalen Koordinaten in die zweidimensionalen Koordinaten des aktuellen Windows. Genauer gesagt, *workbox3d* bereitet diese Transformationen vor, in dem es in einem COMMON-Bereich Multiplikatoren bereitstellt, mit denen sie in den nachfolgenden Unterprogrammen effizient ausgeführt werden können.

Damit definiert *workbox3d* auf dem zweidimensionalen Bildschirm einen imaginären dreidimensionalen Parameterraum, die sogenannte 'Workbox'. Die Workbox ist würfelförmig und hat in allen drei Dimensionen die Seitenlänge eins. Ihr Koordinatennullpunkt bildet ihren Mittelpunkt. Das heißt, daß die Workbox in allen drei Dimensionen zwischen -0,5 und +0,5 liegt. Der Mittelpunkt der Workbox liegt stets im Nullpunkt des aktuellen zweidimensionalen Windows, das heißt beim Standard-Window in der Mitte des Bildschirms. Die Lage der drei Koordinatenachsen, der waagerechten X- und Y-Achse und der senkrechten Z-Achse, hängt von der Lage des Augpunkts des Betrachters vom Nullpunkt der Workbox ab. Zur Definition dieser Lage sind drei Parameter erforderlich:

vd   definiert den Abstand des Augpunktes vom Koordinatennullpunkt der Workbox.

al   definiert den Winkel des Sehstrahls vom Augpunkt zum Nullpunkt zur X-Z-Ebene der Workbox.

bt   definiert den Winkel des Sehstrahls vom Augpunkt zum Nullpunkt zur X-Y-Ebene der Workbox.

Der Abstand des Augpunkts vom Nullpunkt bestimmt die Perspektivität der Darstellung (nicht ihre Größe): Je näher der Augpunkt an das Objekt heranrückt, desto stärker verjüngen sich dessen Abmessungen nach hinten, bei sehr weit entferntem Augpunkt entsteht Parallelprojektion ohne Verjüngung. Der Abstand vd wird immer als Vielfaches der Seitenlänge der Workbox angegeben.

Der Horizontalwinkel al und der Vertikalwinkel bt bestimmen die Blickrichtung und die Augenhöhe des Betrachters. Beide Winkel werden in Grad gemessen: Bei al = 0 und bt = 0 befindet sich der Augpunkt in der Verlängerung der positiven X-Achse, bei al = 90 und bt = 0 in der Verlängerung der positiven Y-Achse und bei al = 0 und bt = 90 senkrecht über der Workbox. Der Vertikalwinkel bt darf zwischen 90 und -90 liegen: Ist er negativ, wird die Workbox aus der Froschperspektive oder sogar von unten betrachtet. Bei der üblichen Draufsicht liegen al zwischen 180 und 270 und bt zwischen 0 und 90. Ist al 0, 90, 180 oder 270, ist die Darstellung zentralperspektivisch.

Die Größe der Workbox kann mit dem Skalierungsfaktor scf beeinflußt werden. Werte unter eins verkleinern die Workbox, Werte über eins vergrößern sie. Um die Workbox im zweidimensionalen Standard-Window bei Schrägansicht formatfüllend abzubilden, ist in der Regel ein Skalierungsfaktor von etwa 0.5 erforderlich.

Obwohl die Workbox normalerweise unsichtbar bleibt, kann sie mit Hilfe ihres letzten Parameters sichtbar gemacht werden. Bei m = 1 entsteht der durchsichtige 'Drahtwürfel' mit den drei beschrifteten Koordinatenachsen und dem kleinen 'Orientierungsdreieck' zwischen den positiven X- und Y-Achsen wie in der Abbildung 13 von *demo11* (2.6), bei m = 0 wird die Funktion von *workbox3d* zwar ausgeführt, aber die Darstellung der Workbox unterdrückt.

```fortran
      subroutine workbox3d(vd,al,bt,scf,m)
c
c     Establish a 3D workbox
c     with central origin
c
      common /c3d/ xv,yv,zv,scfp,vdp,th,ph,s1,s2,c1,c2,
     *ax,bx,ay,by,az,bz
c
      dimension wn(4),vp(4)
c
      ax = 1.
      bx = 0.
      ay = 1.
      by = 0.
      az = 1.
      bz = 0.
      scfp = scf
      vdp = min(vd,1000.)
      th = (al+180.)*3.141592/180.
      ph = (90.-bt)*3.141592/180.
      s1 = sin(th)
      s2 = sin(ph)
      c1 = cos(th)
      c2 = cos(ph)
      xv = -vdp*s2*c1
      yv = -vdp*s2*s1
      zv = vdp*c2
      if (m.eq.0) return
      r = .5
      dr = r*.15
      rp = r*1.1
      call gqcntn(ierr,itr)
      call gqnt(itr,ierr,wn,vp)
      call gqdsp(10,ierr,0,w,h,nw,nh)
      dx = (wn(2)-wn(1)))/nw*2.
      dy = (wn(4)-wn(3)))/nh*4.
      call line3d(-r,0.,0.,r,0.,0.,1)
      call line3d(0.,-r,0.,0.,r,0.,1)
      call line3d(0.,0.,-r,0.,0.,r,1)
      call line3d(dr,0.,0.,0.,dr,0.,1)
      call box3d(-r,-r,-r,r,r,r,1,0,0,0)
      call trans3d(rp,0.,0.,x,y)
      call gothic6(x-dx,y-dy,0.,'X')
      call trans3d(0.,rp,0.,x,y)
      call gothic6(x-dx,y-dy,0.,'Y')
      call trans3d(0.,0.,rp,x,y)
      call gothic6(x-dx,y-dy,0.,'Z')
      return
      end
```

Sofern die Koordinaten des darzustellenden Objekts in den Einheitsdimensionen der Workbox eingegeben werden, genügt der Aufruf von *workbox3d* zur Definition einer 3D-Darstellung. In der

Regel liegen sie jedoch in den verschiedensten Größenordnungen vor, etwa als Längen- und Höhenwerte eines digitalen Geländemodells, als Abmessungen eines Gebäudes oder als Daten von Experimenten oder Erhebungen. In diesem Fall ist es möglich, die Dimensionen der Workbox mit *window3d* in geeigneter Weise umzudefinieren, so daß die 3D-Koordinaten ohne vorherige Transformation eingegeben werden können. Dabei ändert *window3d* weder die Lage noch die Größe der Workbox noch die Lage des Augpunkts. Vielmehr stellt es in dem bereits erwähnten COMMON-Bereich zusätzliche Parameter bereit, mit denen die eingegebenen 3D-Koordinaten vor der Verarbeitung in die Einheitsdimensionen der Workbox umgerechnet werden.

Der Aufruf von *window3d* ähnelt dem von *gswn*, nur daß hier sechs anstatt vier Parameter zur Definition der Abmessungen des Windows benötigt werden: je zwei für jede der drei Dimensionen. Dafür kann die Angabe der 'normalization transformation' fehlen, da die Angaben von *window3d* sich stets auf das aktuelle zweidimensionale Window beziehen. Die zu einer Dimension gehörenden beiden Werte definieren die Untergrenze (-0,5) und die Obergrenze (+0,5) der Workbox neu. Durch die Wahl geeigneter Werte ist es möglich, das darzustellende Objekt gegenüber der Workbox zu vergrößern oder zu verkleinern oder es in der Richtung ihrer Achsen zu verschieben, zu stauchen oder zu strecken oder es sogar umzukehren. Eine naheliegende Anwendung dieser Eigenschaft ist die Überhöhung eines digitalen Geländemodells durch Verkleinerung der Differenz zwischen Unter- und Obergrenze der Z-Dimension des dreidimensionalen Windows. Anders als beim durch *gswn* definierten zweidimensionalen Window findet ein Abschneiden der Darstellung (clipping) an den Grenzen des durch *window3d* definierten dreidimensionalen Windows nicht statt.

```
      subroutine window3d(xl,xr,yl,yr,zb,zt)
c
c     Scale workbox3d dimensions
c
      common /c3d/ xv,yv,zv,scf,vd,th,ph,s1,s2,c1,c2,
     *ax,bx,ay,by,az,bz
c
```

```
ax = 1./(xr-xl)
bx = (xr+xl)*ax*.5
ay = 1./(yr-yl)
by = (yr+yl)*ay*.5
az = 1./(zt-zb)
bz = (zt+zb)*az*.5
return
end
```

Die mit *gswn*, *workbox3d* und *window3d* möglichen Manipulationen einer dreidimensionalen Darstellung können folgendermaßen zusammengefaßt werden:

gswn:
Vergrößern, Verkleinern und horizontales und vertikales Verschieben, Stauchen, Strecken und Spiegeln der zweidimensionalen Abbildung der Workbox.

workbox3d:
Zoomen und Drehen der Workbox (durch Veränderung des Augpunkts), Vergrößern und Verkleinern ihrer zweidimensionalen Abbildung (durch Veränderung von scf).

window3d:
Vergrößern und Verkleinern des darzustellenden Objekts gegenüber der Workbox sowie Verschieben, Stauchen, Strecken und Spiegeln des Objekts in Richtung ihrer drei Achsen.

Das Zusammenwirken von *gswn*, *workbox3d* und *window3d* kann durch Einfügen entsprechender Aufrufe in *demo11* oder *demo12* (2.7) leicht überprüft werden. Hierbei ist *window3d* stets nach *workbox3d* aufzurufen, da *workbox3d* die Einheitsdimensionen der Workbox wieder herstellt.

Nach *workbox3d* (und gegebenenfalls *window3d*) können die übrigen 3D-Unterprogramme ausgeführt werden. Sie benutzen die Vorgaben von *workbox3d* (und *window3d*) zur Transformation von 3D-Koordinaten in Bildschirmkoordinaten. Ein Unterprogramm tut nichts als das: *trans3d* liefert für den 3D-Punkt x,y,z die 2D-Bildschirmkoordinaten xp,yp. Das ist nützlich, wenn zum Beispiel ein 2D-Bildelement, etwa ein Text, in eine 3D-Darstellung eingefügt werden soll. Ein Beispiel hierfür sind die Buchstaben an den Achsen in *workbox3d*.

```
      subroutine trans3d(x,y,z,xp,yp)
c
c     Transform 3D coordinates
c     to screen coordinates
c
      common /c3d/ xv,yv,zv,scf,vd,th,ph,s1,s2,c1,c2,
     *ax,bx,ay,by,az,bz
c
      xs = (ax*x-bx)
      ys = (ay*y-by)
      zs = (az*z-bz)
      zp = xs*s2*c1+ys*s2*s1-zs*c2+vd
      if (zp.eq.0.) return
      d = vd/zp*scf
      xp = (xs*s1-ys*c1)*d
      yp = (xs*c1*c2+ys*s1*c2+zs*s2)*d
      return
      end
```

Die nächsten fünf Unterprogramme tragen ähnliche Namen wie die entsprechenden 2D-Unterprogramme und sind auch so anzuwenden, nur daß sie im dreidimensionalen Raum der Workbox zeichnen und deshalb statt zwei jeweils drei Koordinaten benötigen:

Mit *putdot3d* wird ein Punkt im dreidimensionalen Raum mit den Koordinaten x, y und z gezeichnet; ici hat dieselbe Bedeutung wie ici in *putdot* (3.5):

```
      subroutine putdot3d(x,y,z,ici)
c
c     Draw a 3D point
c
      common /c3d/ xv,yv,zv,scf,vd,th,ph,s1,s2,c1,c2,
     *ax,bx,ay,by,az,bz
c
      xs = ax*x-bx
      ys = ay*y-by
      zs = az*z-bz
      zp = xs*s2*c1+ys*s2*s1-zs*c2+vd
      if (zp.eq.0.) return
      d = vd/zp*scf
      xp = (xs*s1-ys*c1)*d
      yp = (xs*c1*c2+ys*s1*c2+zs*s2)*d
      call putdot(xp,yp,ici)
      return
      end
```

Mit *line3d* wird eine Gerade zwischen den 3D-Punkten x1,y1,z1 und x2,y2,z2 gezeichnet; lci bedeutet dasselbe wie bei *line* (3.5):

```
      subroutine line3d(x1,y1,z1,x2,y2,z2,lci)
c
c     Draw a 3D line
c
      common /c3d/ xv,yv,zv,scf,vd,th,ph,s1,s2,c1,c2,
     *ax,bx,ay,by,az,bz
c
      xs1 = ax*x1-bx
      ys1 = ay*y1-by
      zs1 = az*z1-bz
      xs2 = ax*x2-bx
      ys2 = ay*y2-by
      zs2 = az*z2-bz
      zp1 = xs1*s2*c1+ys1*s2*s1-zs1*c2+vd
      if (zp1.eq.0.) return
      d = vd/zp1*scf
      xp1 = (xs1*s1-ys1*c1)*d
      yp1 = (xs1*c1*c2+ys1*s1*c2+zs1*s2)*d
      zp2 = xs2*s2*c1+ys2*s2*s1-zs2*c2+vd
      if (zp2.eq.0.) return
      d = vd/zp2*scf
      xp2 = (xs2*s1-ys2*c1)*d
      yp2 = (xs2*c1*c2+ys2*s1*c2+zs2*s2)*d
      call line(xp1,yp1,xp2,yp2,lci)
      return
      end
```

Mit *pline3d* entsteht eine Folge von Geradenabschnitten zwischen n 3D-Punkten in Analogie zu *pline* (3.5). Wie bei *pline* müssen die Koordinaten der Stützpunkte in eindimensionalen Feldern mit der Länge n eingegeben werden, nur sind es hier drei. Auch hier bezeichnet lci die Strichart und -farbe (0 = schwarz, 1 = Standardfarbe):

```
      subroutine pline3d(n,x,y,z,lci)
c
c     Draw a 3D polyline
c
      common /color/ icolor
      common /c3d/ xv,yv,zv,scf,vd,th,ph,s1,s2,c1,c2,
     *ax,bx,ay,by,az,bz
c
      dimension x(n),y(n),z(n),xp(180),yp(180)
c
      do 100 i=1,n
      xs = ax*x(i)-bx
```

```
        ys = ay*y(i)-by
        zs = az*z(i)-bz
        zpi = xs*s2*c1+ys*s2*s1-zs*c2+vd
        if (zpi.eq.0.) return
        d = vd/zpi*scf
        xp(i) = (xs*s1-ys*c1)*d
        yp(i) = (xs*c1*c2+ys*s1*c2+zs*s2)*d
100     continue
        call gsplci(icolor)
        if (lci.eq.0) call gsplci(0)
        if (lci.gt.0) call gsln(lci)
        call gpl(n,xp,yp)
        return
        end
```

Auch Flächen können dreidimensional dargestellt und ganzflächig oder mit einem Muster oder einer Schraffur ausgefüllt werden. Hierzu dient *polygon3d*, das 3D-Gegenstück zu *polygon* (3.6). Für *polygon3d* sind ebenso wie für *pline* drei Vektoren mit je n Koordinaten zur Definition der Polygoneckpunkte erforderlich. Die Eckpunkte des Polygons brauchen nicht in einer Ebene zu liegen. Die letzten vier Parameter lci, ici, ist und jst entsprechen völlig den gleichnamigen Parametern bei *polygon* (3.6). Ein Beispiel für die Anordnung einer Fläche mit Füllung im dreidimensionalen Raum enthält die dritte Phase von *demo11* (2.7).

```
        subroutine polygon3d(n,x,y,z,lci,ici,ist,jst)
c
c       Draw a 3D polygon with or without fill
c
        common /c3d/ xv,yv,zv,scf,vd,th,ph,s1,s2,c1,c2,
       *ax,bx,ay,by,az,bz
c
        dimension x(n),y(n),z(n),xp(180),yp(180)
c
        do 100 i=1,n
        xs = ax*x(i)-bx
        ys = ay*y(i)-by
        zs = az*z(i)-bz
        zpi = xs*s2*c1+ys*s2*s1-zs*c2+vd
        if (zpi.eq.0.) return
        d = vd/zpi*scf
        xp(i) = (xs*s1-ys*c1)*d
        yp(i) = (xs*c1*c2+ys*s1*c2+zs*s2)*d
100     continue
        call polygon(n,xp,yp,lci,ici,ist,jst)
        return
        end
```

Wie *polygon* (3.6) durch *box* (3.6), so wird *polygon3d* durch *box3d* aufgerufen. Durch *box3d* entsteht ein rechteckiger Kasten, dessen Kanten mit den Achsen der 3D-Workbox parallel sind. Die letzten vier Parameter sind mit denen von *box* (3.6) identisch.

Sind die Wände des Kastens 'durchsichtig', das heißt ohne Füllung (ist = 0), wird ein 'Drahtkasten' gezeichnet; sind sie 'undurchsichtig' (ist = 1), werden die nicht sichtbaren Kanten des Kastens in der Zeichnung unterdrückt. Das geschieht durch Aufruf von *dsort3d*. In *dsort3d* werden die Seiten des Kastens nach ihrer mittleren Entfernung zum Augpunkt sortiert. Dann werden sie so nacheinander von 'hinten' nach 'vorn' gezeichnet, daß die näher am Augpunkt liegenden Seiten die vorher gezeichneten entfernteren verdecken ('painter's algorithm'). Ein Beispiel für diese Methode der Unterdrückung unsichtbarer Linien stellt die zweite Phase von *demo11* (2.7) dar.

```fortran
      subroutine box3d(x1,y1,z1,x2,y2,z2,lci,ici,ist,jst)
c
c     Draw a 3D box with or without fill
c     and hidden line removal
c
      common /c3d/ xv,yv,zv,scf,vd,th,ph,s1,s2,c1,c2,
     *ax,bx,ay,by,az,bz
c
      dimension xs(8),ys(8),zs(8),np(6),ip(8,6),id(6),
     *xp(4),yp(4),zp(4)
c
      data np /6*4/
      data ip /1,2,6,5,4*0,1,3,7,5,4*0,5,6,8,7,4*0,
     *         2,4,8,6,4*0,3,4,8,7,4*0,1,2,4,3,4*0/
      data id /1,2,3,4,5,6/
c
      do 100 i=1,7,2
      xs(i) = x1
      xs(i+1) = x2
  100 continue
      do 200 i=1,2
      ys(i) = y1
      ys(i+2) = y2
      ys(i+4) = y1
      ys(i+6) = y2
  200 continue
      do 300 i=1,4
      zs(i) = z1
      zs(i+4) = z2
  300 continue
```

```fortran
      if (ist.eq.0) goto 10
      call dsort3d(6,np,ip,id,8,xs,ys,zs)
   10 do 400 i=1,6
      l = id(i)
      do 410 j=1,4
      k = ip(j,l)
      xp(j) = xs(k)
      yp(j) = ys(k)
      zp(j) = zs(k)
  410 continue
      call polygon3d(4,xp,yp,zp,lci,ici,ist,jst)
  400 continue
      return
      end



      subroutine dsort3d(m,np,ip,id,n,x,y,z)
c
c     Depth sort of 3D planes
c
      common /c3d/ xv,yv,zv,scf,vf,th,ph,s1,s2,c1,c2,
     *ax,bx,ay,by,az,bz
c
      dimension np(m),ip(8,m),id(m),x(n),y(n),z(n),dd(30)
c
      xvs = ax*xv-bx
      yvs = ay*yv-by
      zvs = az*zv-bz
      do 100 i=1,m
      dmax = -1.e30
      dmin = 1.e30
      do 110 j=1,np(i)
      k = ip(j,i)
      d1 = (x(k)-xvs)**2
      d2 = (y(k)-yvs)**2
      d3 = (z(k)-zvs)**2
      d = d1+d2+d3
      dmax = max(dmax,d)
      dmin = min(dmin,d)
  110 continue
      dd(i) = -dmin-dmax
  100 continue
      call rsort(m,dd,id)
      return
      end
```

Wird *dsort3d* separat aufgerufen, müssen ihm die folgenden Parameter übergeben werden:

m   Anzahl der zu sortierenden Flächen

np   Anzahl der Eckpunkte je Fläche

ip   Eckpunkte der zu sortierenden Flächen
id   ein Feld zur Aufnahme der Sortierpointer
n   Anzahl der Eckpunkte insgesamt
x,y,z   Koordinaten der Eckpunkte

Hiervon sind np und id eindimensionale Felder mit der Länge m, ip ein zweidimensionales Feld mit den Dimensionen 8 mal m (d.h. jede Fläche darf maximal acht Eckpunkte haben), und x, y und z sind eindimensionale Felder mit der Länge n. Die Nummern in ip sind die laufenden Nummern der Eckpunkte der zu sortierenden Flächen. Hierzu müssen alle Eckpunkte des darzustellenden Objekts durchnumeriert werden, und zwar in der Reihenfolge, in der ihre 3D-Koordinaten in x, y und z gespeichert sind. Der Begriff des Sortierpointers wird im Zusammenhang mit den Sortier-Unterprogrammen in 3.13 erläutert, weil *dsort3d* zum eigentlichen Sortieren *rsort* (3.13) aufruft. Nach dem Aufruf von *dsort3d* enthält id die laufenden Nummern der sortierten Flächen beginnend mit der am weitesten vom Augpunkt entfernten Fläche.

Die letzten beiden 3D-Unterprogramme zeigen zwei unterschiedliche Möglichkeiten, nichtebene Oberflächen dreidimensional darzustellen, ohne verdeckte Linien mitzuzeichnen.

Mit *surface3d* kann jede beliebige Oberfläche dargestellt werden, sofern sie durch eine stetige mathematische Funktion beschrieben werden kann. Allerdings funktioniert das nur bei Parallelprojektion. Deshalb ist *surface3d* auch nicht auf den vorherigen Aufruf von *workbox3d* angewiesen und fällt insoweit hier aus dem Rahmen. Als einziger Parameter ist an *surface3d* der Name der Funktion zu übergeben, in der z aus x und y berechnet wird. Die in *surface3d* verwendete 'Raster-Scan'-Methode ist bei *demo10* (2.7) erläutert.

```
        subroutine surface3d(z)
c
c       Draw a 3D surface with hidden line removal
c
        n = 100.
        cfx = .5/n
        cfy = cfx
        cfz = .5
```

```
      do 100 i=-n,n
      zpmin = 1.e30
      zpmax = -1.e30
      ma = -n-i
      me = n-abs(i)
      do 100 j=ma,me,10
      if (j.lt.-me) goto 100
      x = (i+j)*cfx
      y = (j-i)*cfy
      zp = z(x,y)+j*cfy
      if (zp.lt.zpmax.and.zp.gt.zpmin) goto 100
      zpmin = min(zpmin,zp)
      zpmax = max(zpmax,zp)
      call putdot(i*cfx,zp*cfz,1)
  100 continue
      return
      end
```

Mit *grid3d* können dagegen beliebige Oberflächen in echt perspektivischer Darstellung abgebildet werden. Die Höhenkoordinaten z werden an *grid3d* in Form einer zweidimensionalen Matrix mit den Dimensionen m und n übergeben, das heißt daß auch unregelmäßige, nicht durch eine Funktion beschreibbare Daten, etwa Geländedaten oder empirische Meßwerte, dargestellt werden können. Der linke und rechte und untere und obere Rand der zu zeichnenden Oberfläche werden *grid3d* mit xa, xe, ya und ye mitgeteilt. Auch *grid3d* verwendet den painter's algorithm zur Unterdrückung unsichtbarer Linien, das Verfahren ist bei *demo12* (2.7) beschrieben.

```
      subroutine grid3d(n,m,xa,xe,ya,ye,z)
c
c     Draw a 3D grid with hidden line removal
c
      common /c3d/ xv,yv,zv,scf,vd,th,ph,s1,s2,c1,c2,
     *ax,bx,ay,by,az,bz
c
      dimension z(n,m),xp(180),yp(180),zp(180)
c
      xvs = ax*xv-bx
      yvs = ay*yv-by
      dx = (xe-xa)/(n-1)
      dy = (ye-ya)/(m-1)
      dmax = -1.e30
      do 100 ip=1,4
      i = 1+(ip+1)/4*(n-1)
      j = 1+(1-mod(ip,2))*(n-1)
      d = (xa+(i-1)*dx-xvs)**2+(ya+(j-1)*dy-yvs)**2
```

```fortran
      if (d.lt.dmax) goto 100
      dmax = max(dmax,d)
      ia = i
      ja = j
  100 continue
      ii = 1-ia/n*2
      jj = 1-ja/m*2
      zpmin = 1.e30
      do 200 k=1,(n-1)*2
      np = 0
      do 210 l=1,k*2+1
      i = ia+(k*2+1-l)/2*ii
      if (i.lt.1.or.i.gt.n) goto 210
      j = ja+(l-1)/2*jj
      if (j.lt.1.or.j.gt.m) goto 210
      np = np+1
      xp(np) = xa+(i-1)*dx
      yp(np) = ya+(j-1)*dy
      zp(np) = z(j,n+1-i)
      zpmin = min(zp(np),zpmin)
  210 continue
      xp(np+1) = xp(np)
      yp(np+1) = yp(np)
      zp(np+1) = zpmin
      xp(np+2) = xp(1)
      yp(np+2) = yp(1)
      zp(np+2) = zpmin
      call polygon3d(np+2,xp,yp,zp,0,0,1,0)
      call pline3d(np,xp,yp,zp,1)
  200 continue
      return
      end
```

3.11 Date/Time Macros

Mit den Unterprogrammen *date* und *time* können das aktuelle Datum und die Systemzeit des PC aus einem FORTRAN77-Programm abgefragt werden. Durch *date* werden vier Parameter geliefert: das Jahr iy, der Monat im, der Tag id und der Wochentag iw als Zahl zwischen 1 (Montag) und 7 (Sonntag). Von *time* werden ebenfalls vier Parameter übergeben: die aktuellen Stunde ih, Minute im, Sekunde is und hundertstel Sekunde ihs der 24-Stunden-Uhr des PC.

```
        subroutine date(iy,im,id,iw)
c
c       Inquire system date
c
        integer*2 reg2(10)
        integer*1 reg1(8)
c
        equivalence (reg2,reg1)
c
        reg1(2) = 42
        call intr(33,reg2)
        iy = reg2(3)
        im = reg1(8)
        id = reg1(7)
        iw = reg1(1)
        return
        end



        subroutine time(ih,im,is,ihs)
c
c       Inquire system time
c
        integer*1 reg(20)
c
        reg(2) = 44
        call intr(33,reg)
        ih = reg(6)
        im = reg(5)
        is = reg(8)
        ihs = reg(7)
        return
        end
```

3.12 Random Number Macros

Das Unterprogramm *rnd* erzeugt bei mehrmaligem Aufruf eine Folge von zwischen 0 und 1 gleichverteilten Pseudo-Zufallszahlen. Der hier verwendete Zufallszahlengenerator entstammt Knuth (1981, S. 9-10, 170-173). Eine Zufallszahl im Bereich 0 bis n kann mit rnd()*(n+1) erzeugt werden, eine Zufallszahl im Bereich 1 bis n durch rnd()*n+1.

```
        function rnd()
c
c       Random numbers between 0 und 1 (after Knuth)
c
        common /random/ iseed
c
        data ia,m,ic /2147437301,z80000000,453816693/
c
        if (iseed.ne.0) goto 10
        call time(ih,im,is,ihs)
        iseed = 477+im-is+ihs
     10 iseed = ia*iseed+ic
        if (iseed.lt.0) iseed = iseed+m
        rnd = iseed/2.**31
        return
        end
c
c
        block data
c
        common /random/ iseed
c
        data iseed /123456789/
        end
```

Beim erstmaligen Aufruf von *rnd* wird der Zufallszahlengenerator automatisch mit der Zahl 123456789 initialisiert. Dies geschieht in dem an *rnd* angehängten BLOCK-DATA-Unterprogramm.

Durch die automatische Initialisierung liefert der Zufallszahlengenerator bei jedem Programmstart dieselbe Zahlenfolge. Ist eine andere Zahlenfolge erwünscht, kann er durch *setrnd* explizit initialisiert werden:

```
        subroutine setrnd(i)
c
c       Initialize random number generator
c         i=n     seed n
c         i=0     seed from Timer
c
        common /random/ iseed
c
        iseed = i
        return
        end
```

Dabei sind zwei Möglichkeiten zu unterscheiden: Ist der Parameter i ungleich null, so ist i die neue Initialisierungszahl und die erzeugte Zahlenfolge bleibt ebenfalls bei jedem Start des Programms gleich. Ein Beispiel, in dem diese Eigenschaft ausgenutzt wird, ist *demo3* (2.2). Ist i dagegen gleich null, wird aus den vier Zeitparametern von *time* (3.11) eine jeweils neue Initialisierungszahl gebildet. In diesem Falle ergibt sich bei jedem Start des Programms eine unterschiedliche Zahlenfolge. Ein Beispiel hierfür ist *demo5* (2.3)

3.13 Sort Macros

Die Flächensortierung in *dsort3d* (3.10) ist nur einer der häufigen Fälle, in denen Daten nach der Größe eines bestimmten Merkmals sortiert werden müssen. Die folgenden drei Unterprogramme lösen diese Aufgabe.

Die drei Unterprogramme unterscheiden sich in erster Linie durch den Typ der zu sortierenden Variablen. Mit *isort* werden INTEGER-Variablen, mit *rsort* REAL-Variablen und mit *csort* Zeichenvariablen sortiert. Außerdem unterscheiden sie sich durch den verwendeten Sortieralgorithmus: *isort* und *rsort* benutzen den einfachen 'bubble sort', während *csort* den komplexeren, aber schnelleren 'Quicksort'-Algorithmus (Wirth, 1975, S. 113-121) verwendet. Darüber hinaus kann *csort* bis zu 16 Zeichen lange Sortierfelder verarbeiten, während bei *isort* und *csort*, bedingt durch die Wortlänge des Computers, nur etwa halb so viel Dezimalstellen verarbeitet werden können. Damit ist *csort* das für alphanumerische und größere numerische Sortieraufgaben geeignete Unterprogramm, *isort* und *rsort* sind für kleinere numerische Sortieraufgaben bequemer.

Die Eingabeparameter sind für alle drei Unterprogramme, bis auf den Typ der zu sortierenden Variablen völlig gleich:

n   Anzahl der zu sortierenden Variablen
iz   Sortiervariablen für *isort*: INTEGER*4
rz   Sortiervariablen für *rsort*: REAL*4
sf   Sortiervariablen für *csort*: CHARACTER*16
ind   Sortierpointer

Die Parameter iz, rz, sf und ind sind eindimensionale Felder mit der Länge n. Die Sortierpointer sind mitsortierte laufende Nummern, d.h. sie geben nach dem Sortieren an, an welcher Position eine Variable vor dem Sortiervorgang stand. Dies ist nützlich zu wissen, wenn zu den Sortiervariablen etwa weitere Informationen gehören, die nicht mitsortiert werden konnten. Zu beachten ist, daß alle drei Unterprogramme die Sortierpointer vor dem Sortieren aufsteigend durchnumerieren, d.h. alle beim Aufruf in diesen enthaltenden Werte sind verloren. Alle drei Unterprogramme sortieren in aufsteigender Ordnung, die umgekehrte Reihenfolge ist mit Hilfe der Sortierpointer leicht zugänglich.

```fortran
      subroutine isort(n,iz,ind)
c
c     Sort n INTEGER*4 numbers in ascending order
c
      dimension iz(n),ind(n)
c
      do 100 i=1,n
      ind(i) = i
  100 continue
      do 200 i=2,n
      do 210 j=i,2,-1
      if (iz(j).gt.iz(j-1)) goto 200
      t = iz(j)
      it = ind(j)
      iz(j) = iz(j-1)
      ind(j) = ind(j-1)
      iz(j-1) = t
      ind(j-1) = it
  210 continue
  200 continue
      return
      end




      subroutine rsort(n,rz,ind)
c
c     Sort n REAL*4 numbers in ascending order
c
      dimension rz(n),ind(n)
c
      do 100 i=1,n
      ind(i) = i
  100 continue
      do 200 i=2,n
      do 210 j=i,2,-1
```

```fortran
      if (rz(j).gt.rz(j-1)) goto 200
      t = rz(j)
      it = ind(j)
      rz(j) = rz(j-1)
      ind(j) = ind(j-1)
      rz(j-1) = t
      ind(j-1) = it
210 continue
200 continue
      return
      end




      subroutine csort(n,sf,ind)
c
c     Sort n CHARACTER*16 fields in ascending order
c     (Quicksort after Wirth)
c
      dimension sf(n),ind(n),istl(100),istr(100)
c
      character*16 sf,x,t
c
      do 100 i=1,n
      ind(i) = i
100 continue
      is = 1
      istl(1) = 1
      istr(1) = n
 15 il = istl(is)
      ir = istr(is)
      is = is-1
 14 i = il
      j = ir
      x = sf(nint((il+ir)*.5))
 12 if (sf(i).ge.x) goto 16
      i = i+1
      goto 12
 16 if (x.ge.sf(j)) goto 17
      j = j-1
      goto 16
 17 if (i.gt.j) goto 11
      t = sf(i)
      sf(i) = sf(j)
      sf(j) = t
      it = ind(i)
      ind(i) = ind(j)
      ind(j) = it
      i = i+1
      j = j-1
      if (i.le.j) goto 12
 11 if (i.ge.ir) goto 13
      is = is+1
      istl(is) = i
```

```
        istr(is) = ir
     13 ir = j
        if (il.lt.ir) goto 14
        if (is.gt.0) goto 15
        return
        end
```

3.14 Geometry Macros

Programme zur Erzeugung von Computergraphiken bestehen zu
einem großen Teil aus immer wiederkehrenden elementaren geometrischen, insbesondere trigonometrischen Operationen.

Von der zweckmäßigen Implementation dieser Funktionen hängt
daher die Schnelligkeit der Ausführung der Graphikfunktionen ab.
Die in der Schulgeometrie gelernten trigonometrischen Gleichungen
sind wegen der Unstetigkeit eines Teils der Winkelfunktionen für
die Programmierung häufig wenig geeignet. Andere wie etwa die
Kreisgleichung sind wegen der vielen zu berechnenden Winkelfunktionen sehr rechenaufwendig. Deshalb werden bei der Graphikpro-
grammierung in der Regel 'Tricks' verwendet, die diese Berechnungen sowohl schneller als auch sicherer machen. Ein Beispiel sind
die rekursiven Kreisberechnungen in *disk, wedge* und *ring* (3.6).
Einige der geometrischen Funktionen sind zu komplex, als daß es
sinnvoll wäre, sie jedesmal neu zu programmieren. In den letzten
drei Unterprogrammen sind drei solcher Funktionen zusammenge-
stellt. Weitere nützliche Algorithmen sind in Bowyer und Woodwark
(1983) angegeben.

Mit der Funktion *angle* wird der Steigungswinkel einer Geraden zwischen x1,y1 und x2,y2 in Radians berechnet. Die Funktion
wird zum Beispiel in *tpline* (3.6) zur Ermittlung der Winkelhalbierenden zwischen zwei Geraden benutzt:

```
      function angle(x1,y1,x2,y2)
c
c     angle of a line in radians
c
      if (abs(x2-x1).gt.0.0001) then
        angle = atan((y2-y1)/(x2-x1))
        if (x2.lt.x1) angle = angle+3.141592
      else
        angle = 1.570796
        if (y2.lt.y1) angle = angle+3.141592
      endif
      return
      end
```

Mit *sll* wird der Schnittpunkt zwischen zwei Geraden berechnet. Die ersten vier Parameter definieren die erste Gerade, die nächsten vier die zweite. Die restlichen Parameter werden von *sll* zurückgegeben: xs,ys sind die Koordinaten des Schnittpunkts, wenn es einen gibt; ist n eins, existiert ein Schnittpunkt, ist n null, sind die Geraden parallel.

```
      subroutine sll(x1,y1,x2,y2,x3,y3,x4,y4,n,xs,ys)
c
c     Intersection of two lines
c     (n=0 parallel)
c
      n = 0
      xa = x3-x1
      xb = x2-x1
      xc = x4-x3
      ya = y3-y1
      yb = y2-y1
      yc = y4-y3
      g = yb*xc-xb*yc
      if (abs(g).lt..00001) return
      q = (ya*xc-xa*yc)/g
      n = 1
      xs = x1+q*xb
      ys = y1+q*yb
      return
      end
```

In ähnlicher Weise berechnet *slc* den Schnittpunkt oder die zwei Schnittpunkte zwischen einer Geraden und einem Kreis. Die ersten vier Parameter definieren die Gerade, die nächsten drei den Mittelpunkt und den Radius des Kreises. Die übrigen Parameter werden von *slc* zurückgegeben: Die Punkte xs1,ys1 und xs2,ys2 sind

112

die zwei Schnittpunkte, sofern es sie gibt; ist n null, gibt es keinen Schnittpunkt zwischen Gerade und Kreis, ist n eins, ist die Gerade eine Tangente des Kreises, und ist n zwei, schneidet sie den Kreis in zwei Punkten.

```fortran
      subroutine slc(x1,y1,x2,y2,xm,ym,r,n,xs,ys,xt,yt)
c
c     Intersection(s) of a line and a circle
c     (n=0 no intersection, n=1 tangent)
c
      n = 0
      xa = x2-x1
      ya = y2-y1
      dsq = xa*xa+ya*ya
      xb = xm-x1
      yb = ym-y1
      yx = xa*yb-ya*xb
      hsq = r*r*dsq-yx*yx
      if (hsq.lt.0.) return
      n = 1
      xy = xa*xb+ya*yb
      if (hsq.lt..0001) then
        q = xy/dsq
        xs = x1+q*xa
        ys = y1+q*ya
      else
        n = 2
        h = sqrt(hsq)
        q1 = (xy-h)/dsq
        q2 = (xy+h)/dsq
        xs = x1+xa*q1
        ys = y1+ya*q1
        xt = x1+xa*q2
        yt = y1+ya*q2
      endif
      return
      end
```

3.15 DOS Macro

Mit dem Unterprogramm *dos* ist es möglich, aus einem FORTRAN77-Programm heraus ein DOS-Kommando oder ein anderes Programm als Unterprozeß zu starten. Das auszuführende DOS-

Kommando oder -Programm und etwaige Parameter werden als Zeichenkette an *dos* übergeben. Beim Aufruf von *dos* muß der Kommandoprozessor COMMAND.COM im aktuellen Pfad erreichbar sein. Programme können als COM- oder EXE-Files vorliegen. Auf diese Weise ist es auch möglich, mit WATFOR-77 kompilierte Programme (siehe Anhang 5.2) zu verketten. Parameter können in der Kommandozeile übergeben und mit Hilfe der WATFOR-77-Funktion *parm* (siehe Coschi und Schueler, 1985) interpretiert werden. Nach Ausführung des Unterprozesses geht die Programmsteuerung an das Ausgangsprogramm zurück.

```fortran
      subroutine dos(cmd)
c
c     Execute DOS command or program
c
      character cmd*(*),cmdsp*15,cmdln*80
      integer fork,dosenv
c
      l = dosenv('COMSPEC',cmdsp)+1
      cmdsp(l:l) = char(0)
      cmdln = char(3+len(cmd))//'/c '//cmd
      irc = fork(cmdsp,cmdln)
      end
```

4 Anwendungsbeispiele

In diesem Kapitel wird an einigen Beispielen demonstriert, wie die Unterprogrammsammlung in der wissenschaftlichen Praxis eingesetzt werden kann.

Die auf den folgenden 21 Seiten wiedergegebenen Schaubilder, Diagramme und Karten sind sämtlich mit Programmen erzeugt worden, die die in diesem Buch beschriebenen Graphik-Unterprogramme verwenden. Die Programme selbst sind hier nicht abgedruckt. In der Regel wurde für jedes Anwendungsbeispiel ein besonderes Programm geschrieben. Das heißt, es wurde kein Versuch gemacht, ein universelles Programm für alle Arten von Graphiken zu entwickeln.

Dieses Vorgehen steht im Widerspruch zur gegenwärtigen Tendenz in der Softwareentwicklung, Programmpakete mit möglichst umfassendem Anwendungsspektrum und möglichst 'komfortabler' Benutzeroberfläche zu erstellen. In der Praxis bedeutet das, daß vom Anwender selbst lediglich das Abrufen vorbereiteter Darstellungstypen erwartet wird, zugleich aber auch, daß er auf die Gestaltung dieser Darstellungstypen unmittelbar keinen Einfluß hat. Für viele Wissenschaftsdisziplinen gibt es jedoch bis heute keine spezifische Graphik-Software, und wegen der großen Vielfalt der zu lösenden Aufgaben dürfte es sie auch so bald nicht geben. Bis dahin bleibt die problemspezifische Eigenprogrammierung unersetzbar.

Die vorgestellten Anwendungsbeispiele lassen sich grob in Schaubilder, Diagramme und Karten gliedern. Schaubilder sind zwei- oder dreidimensionale Darstellungen, bei denen die wiederzugebenden Sachverhalte durch unterschiedlich große Flächen oder Körper bildhaft anschaulich gemacht werden. In Diagrammen dagegen werden Daten oder funktionale Zusammenhänge eher abstrakt in Form von Punktverteilungen oder Kurven dargestellt. Bei den Karten stehen traditionsgemäß Choroplethenkarten im Vordergrund, bei denen durch die Färbung, Graustufe oder Schraffur der einzelnen Gebietseinheiten deren Merkmalsausprägungen ausgedrückt werden. Daneben gibt es jedoch auch andere Kartentypen, bei denen durch Balken, Pfeile oder andere Symbole Gebietsmerkmale oder Interaktionen zwischen den Teilgebieten repräsentiert werden.

Sämtliche folgenden Darstellungen wurden auf einem Matrixdrucker mit neun Drucknadeln als Hardcopy vom HERCULES-Bildschirm erzeugt. Bei der Betrachtung sollte berücksichtigt werden, daß die Bildauflösung bei einer Ausgabe mit einem Laserdrucker oder Rasterplotter um ein Vielfaches größer wäre.

Die Erläuterungen zu den Anwendungsbeispielen beschränken sich auf kurze Anmerkungen zu den dargestellten räumlichen Sachverhalten und verwendeten graphischen Techniken.

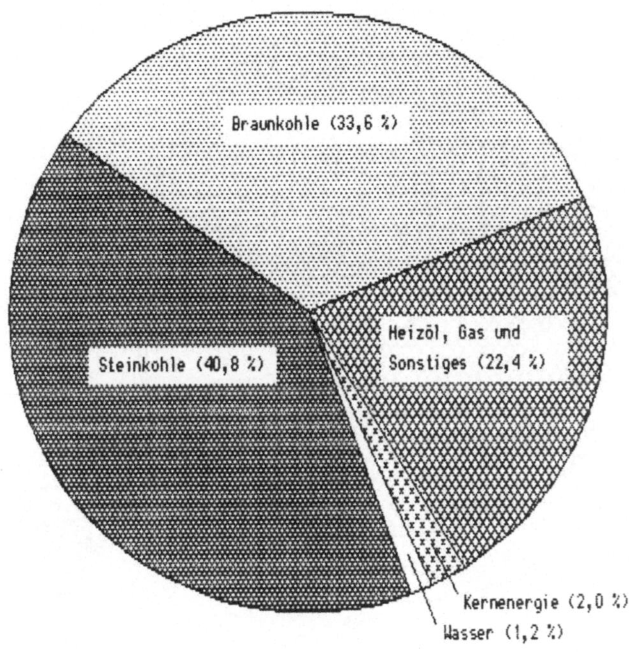

Abbildung 16. Dieses Schaubild zeigt die Bedeutung einzelner Energieträger für die Stromerzeugung in Nordrhein-Westfalen (Quelle: Landesentwicklungsbericht Nordrhein-Westfalen 1984). Die einzelnen Kreissegmente wurden mit *wedge* (3.6) gezeichnet. Die Beschriftung wurde mit den RAM-Fonts *gothic6* (3.7) und *gothic8* (3.7) durchgeführt. Die Einblendung der Schriften in die Kreissegmente erfolgte durch vorheriges Zeichnen eines weißen Feldes durch *box* (3.6).

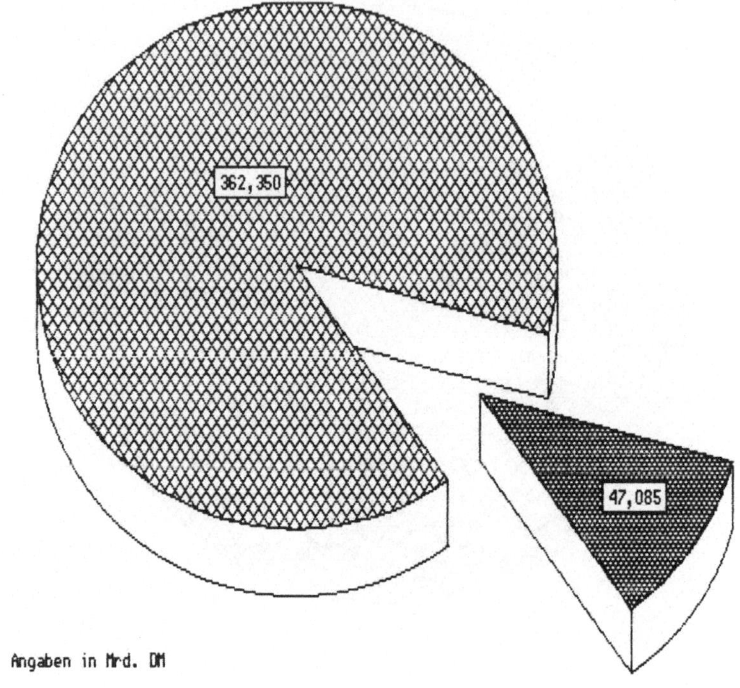

Abbildung 17. Diese Darstellung zeigt den Anteil Frankreichs am gesamten Import der Bundesrepublik Deutschland im Jahre 1986 (Quelle: Wirtschaft und Statistik 2/1987). Die Programmierung dieses Schaubildes erfolgte ähnlich dem der vorhergehenden Abbildung durch *wedge* (3.6), mit dem Unterschied, daß der Mittelpunkt des kleineren 'Tortenstücks' verschoben wurde und zusätzliche Linien mit *line* (3.5) und *circarc* (3.5) zur Verdeutlichung der Höhe gezeichnet wurden.

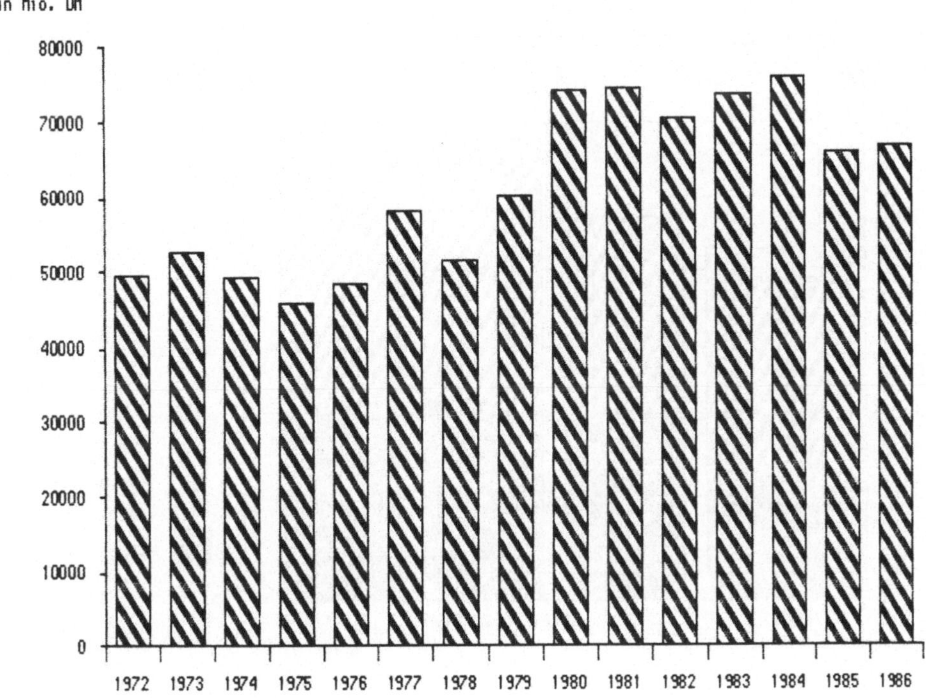

Abbildung 18. Dieses Balkendiagramm zeigt die Schwankungen des Umsatzes des Bauhauptgewerbes der Bundesrepublik im Hochbau für die Jahre 1972-1986 (Quelle: Statistisches Bundesamt). Hierbei wurde das Bildschirmfenster in *gswn* so gewählt, daß die jeweiligen Umsatzwerte direkt als y2-Werte an *box* (3.6) übergeben werden konnten.

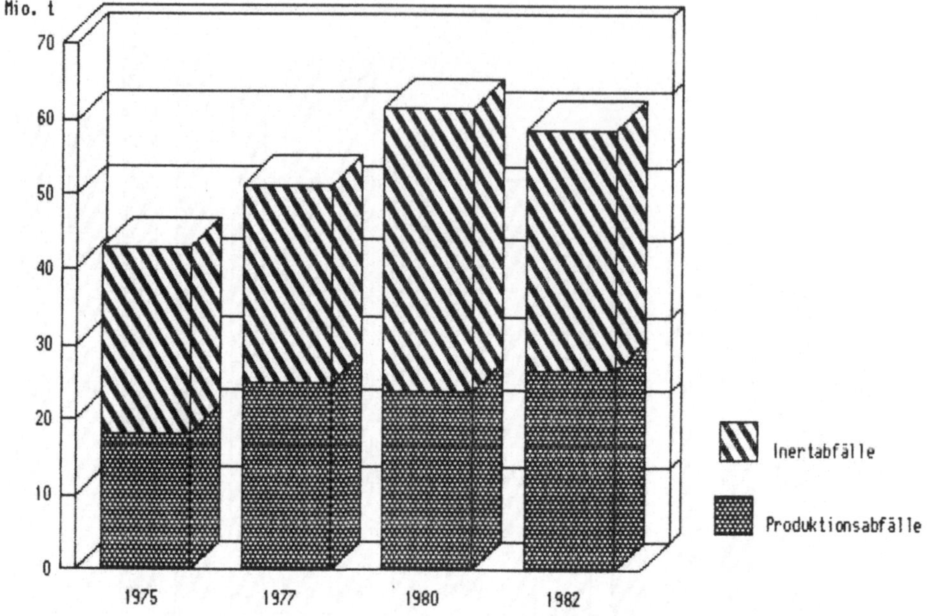

Abbildung 19. Hier wird die Entwicklung des Abfallaufkommens im produzierenden Gewerbe Nordrhein-Westfalens, aufgeteilt in Inertabfälle und Produktionsabfälle, dargestellt (Quelle: Landesentwicklungsbericht Nordrhein-Westfalen 1984). Es handelt sich bei dieser Zeichnung allerdings nicht um eine 'echte' 3D-Abbildung. Vielmehr wurden die einzelnen Säulen durch eine Kombination von *box* (3.6) und *polygon* (3.6) erzeugt.

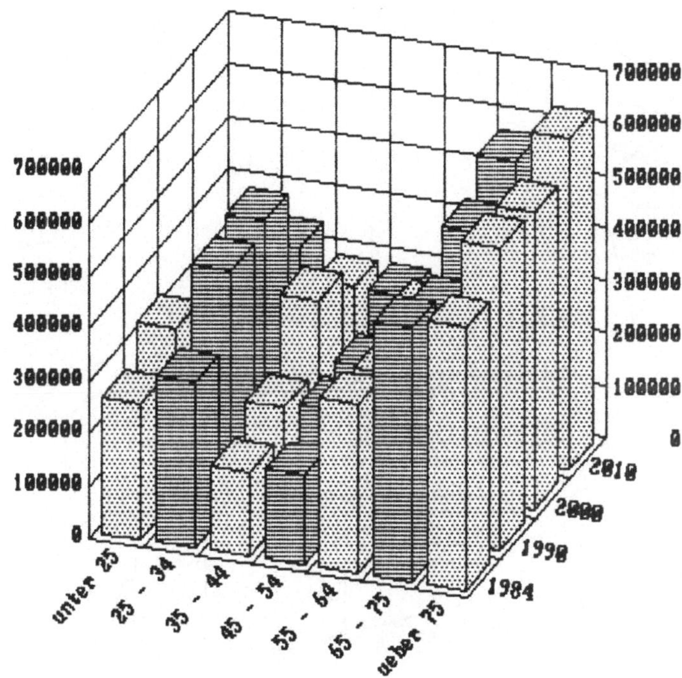

Abbildung 20. In der Zeichnung wird eine Prognose zur Entwicklung der Einpersonen-Haushalte in Nordrhein-Westfalen bis zum Jahre 2010 aufgeteilt nach Altersgruppen dargestellt (Quelle: Landesamt für Datenverarbeitung und Statistik des Landes Nordrhein-Westfalen). Gut zu sehen sind die steigenden Haushaltszahlen der Rentnergenerationen sowie, bedingt durch die geburtenstarken Jahrgänge, der Gruppen der 25-44-jährigen. Die Programmierung als 3D-Darstellung geschah im wesentlichen durch den Aufruf von *workbox3d* (3.10) und das Zeichnen der Datensäulen mit *box3d* (3.10). Das Skalierungsraster wurde mit *line3d* (3.10) erzeugt. Die Beschriftung erfolgte mit *text* (3.7), mit Ausnahme der Überschrift, die mit *gothic8* (3.7) geschrieben wurde. Die Position der Schrift wurde mit *trans3d* (3.10) ermittelt, die Richtung der Schriften für Alters- und Jahresangaben wurde mit *angle* (3.14) berechnet.

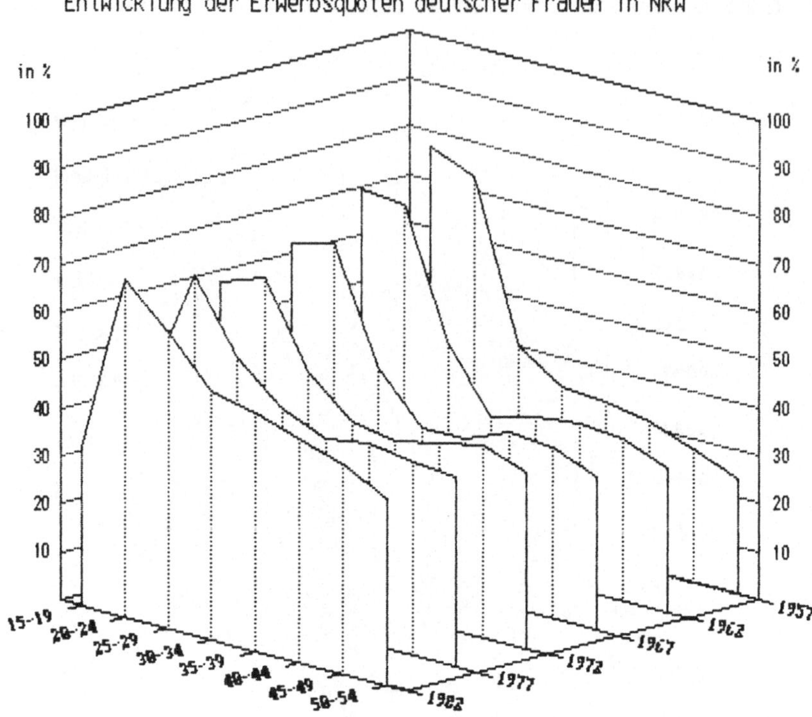

Abbildung 21. Diese zweite 3D-Darstellung illustriert die Entwicklung der Erwerbsquoten deutscher Frauen in Nordrhein-Westfalen 1957-1982 (Quelle: Landesamt für Datenverarbeitung und Statistik des Landes Nordrhein-Westfalen). Deutlich erkennbar ist im Jahre 1957 eine sehr hohe Erwerbsquote der Frauen in jungen Jahren, die zu den älteren Jahrgängen hin steil abfällt. Bedingt durch den durchschnittlich späteren Berufseinstieg aufgrund längerer Ausbildungszeiten verlagert sich die Phase der höchsten Erwerbsquote bis 1982 langsam in die Altersgruppe der 20-24-jährigen, und die Verminderung der Erwerbsquote mit dem Alter verläuft wesentlich flacher. Die Programmierung der Datenlinien erfolgte mit *polygon3d* (3.10), im übrigen analog dem vorherigen Beispiel.

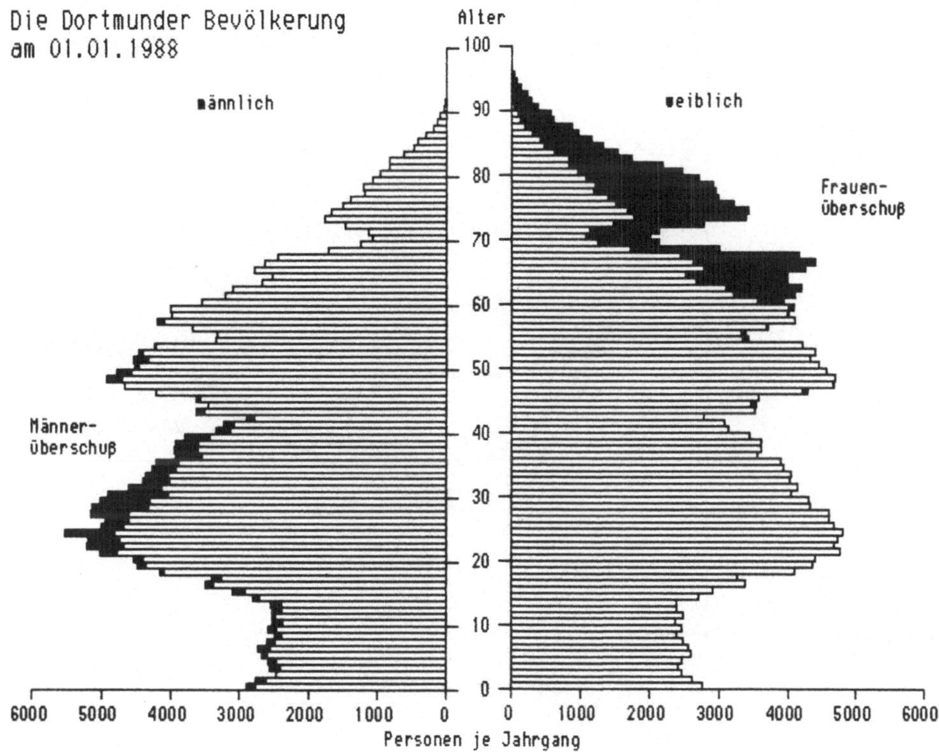

Abbildung 22. Gezeigt wird der Altersaufbau der Einwohner Dortmunds in einer Bevölkerungspyramide (Quelle: Stadt Dortmund, Amt für Statistik und Wahlen). Die Werte der einzelnen Jahrgänge wurden jeweils als X-Werte an das Unterprogramm *box* (3.6) übergeben. Dann wurde zuerst der größere Wert eines Jahrgangs auf der entsprechenden Seite der Skala schwarz gefüllt gezeichnet. Danach wurde der kleinere Wert als weiße Box auf beiden Seiten der Skala gezeichnet, einmal davon die schwarze Fläche überlagernd, so daß der Schatten des jeweiligen Überschusses entsteht. Zu beachten ist, daß Graphiken wie diese, bei denen mehrere parallele Linien in gleichem Abstand eng beieinander liegen, bildpunktgenau programmiert werden müssen, da sonst ungleiche Linienabstände entstehen. Dies bedeutet, daß der Abstand der Linien ein ganzzahliges Vielfaches des Abstandes der Bildpunkte der jeweiligen Graphikkarte sein muß.

124

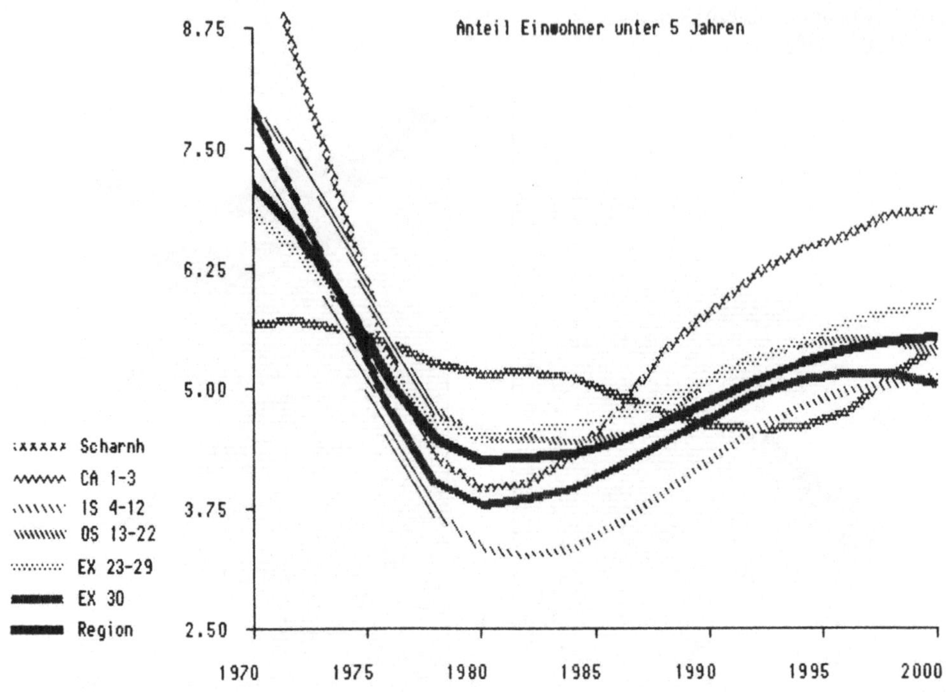

Abbildung 23.   Ein weiteres Programm wurde zur Erzeugung von Zeitreihendiagrammen geschrieben. Bei diesem Diagrammtyp werden auf der X-Achse die Jahre und auf der Y-Achse die Merkmalsausprägungen aufgetragen. Es können bis zu acht Zeitreihenkurven dargestellt werden. Jede Kurve wird mit *tpline* (3.6) als aus 'dicken' Geradenabschnitten zusammengesetzte Linie gezeichnet. Die einzelnen Kurven unterscheiden sich durch die Art ihrer Füllung. Da zum Füllen *polygon* (3.6) und nicht *paint* (3.6) benutzt wird, können alle Muster und Schraffuren der Abbildung 4 verwendet werden. Inhaltlich zeigt das Diagramm Ergebnisse einer Simulation der Altersstruktur der 30 Teilgebiete der Abbildung 16 unter Berücksichtigung der Wanderungen bis zum Jahr 2000, hier den Anteil der Einwohner unter 5 Jahren. Man erkennt deutlich die starke Abnahme dieser Altersgruppe in den 70er Jahren durch den Rückgang der Geburtenraten sowie den Wiederanstieg in den 90er Jahren als Sekundärfolge des 'Babybooms' der 60er Jahre.

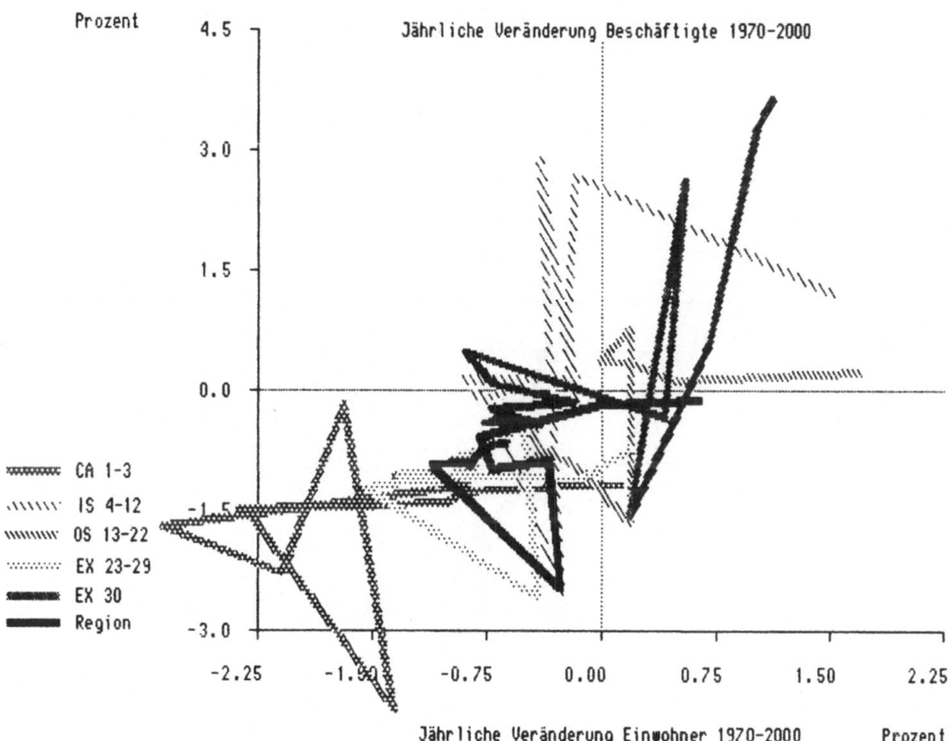

Abbildung 24.   Mit einer Erweiterung des Zeitreihenprogramms können Abhängigkeiten zwischen zwei Merkmalen dargestellt werden. Nun werden die Ausprägungen des einen Merkmals auf der X-Achse und die des anderen auf der Y-Achse aufgetragen. Jede Kurve beschreibt dann die Bewegung einer Gebietseinheit im zweidimensionalen Merkmalsraum über die Zeit. Hier sind aus den Ergebnissen einer Modellsimulation die jährlichen Veränderungsraten der Einwohner (X-Achse) und der Beschäftigten (Y-Achse) zwischen 1970 und 2000 in Prozent dargestellt. Das punktierte Fadenkreuz markiert Nullwachstum in beiden Merkmalsdimensionen. Folglich ist der rechte obere Quadrant durch Wachstum bei Einwohnern und Beschäftigung gekennzeichnet, während der linke untere Quadrant Schrumpfung bei Einwohnern und Beschäftigten bedeutet. Im linken oberen Quadranten liegt Beschäftigungswachstum bei sinkender Einwohnerzahl vor, und im rechten unteren Quadranten wächst die Bevölkerung, während die Arbeitsplätze abnehmen.

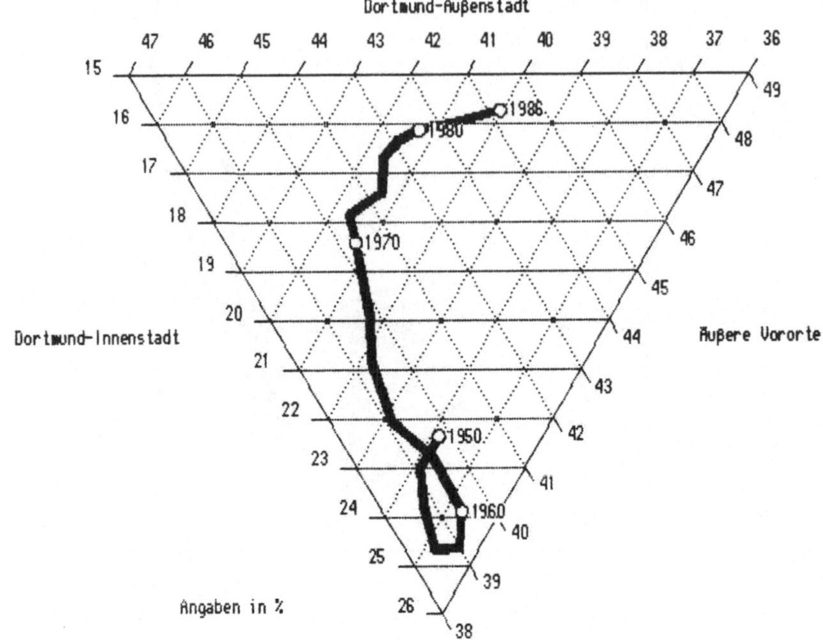

Abbildung 25. Dieses Diagramm zeigt die relative Verteilung der Bevölkerung auf funktional abgegrenzte räumliche Bereiche der Stadtregion Dortmund für die Jahre 1950-1986. Die Darstellung erfolgt in einem dreiachsigen Koordinatensystem, dessen Skalierung so aufgebaut ist, daß die Addition der drei Koordinatenwerte an jedem Punkt des Dreiecks 100 Prozent ergibt. In dem Beispiel sind die verschiedenen Phasen der Stadtentwicklung Dortmunds gut ablesbar: die Urbanisierungsphase der fünfziger Jahre mit zunehmender Bedeutung der Dortmunder Innenstadt als Wohnstandort, die Suburbanisierungsphase der sechziger Jahre mit Bevölkerungsgewinnen der Dortmunder Außenstadt auf Kosten der Innenstadt und die Deurbanisierungsphase seit Mitte der siebziger Jahre mit dem Bedeutungsverlust Dortmunds gegenüber den Umlandgemeinden. Die Datenlinie wurde mit *tpline* (3.6) gezeichnet.

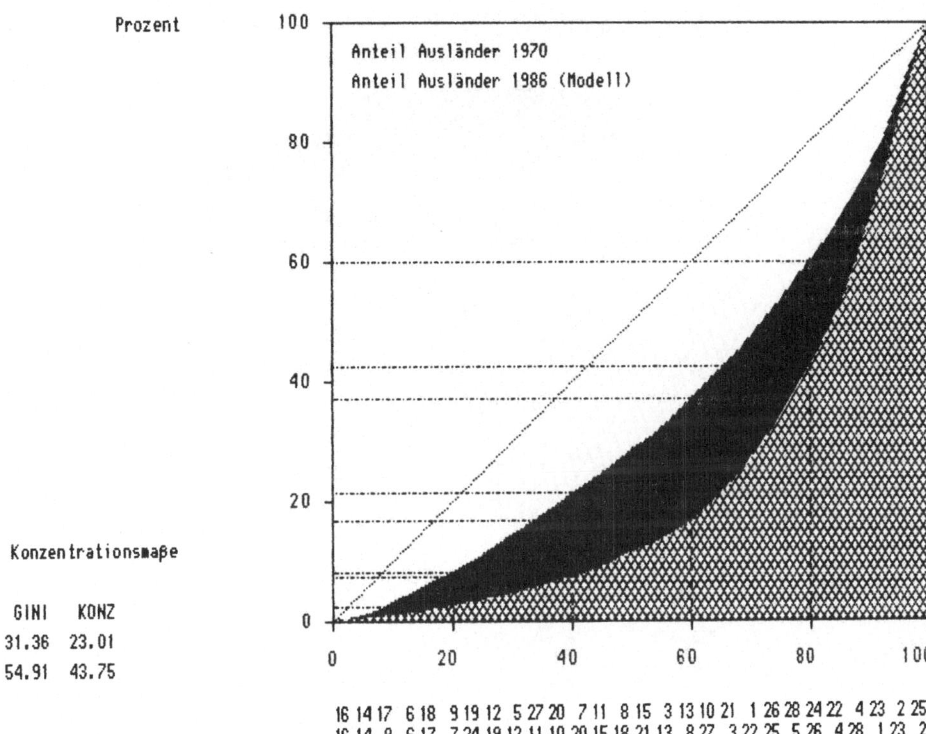

Abbildung 26.   Die Lorenzkurve ist eine Methode zur Darstellung und zum Vergleich von Verteilungen. In dem hier gezeigten Diagramm ist die Verteilung des Merkmals 'Anteil Ausländer' in der Region für 1970 und 1986 als Lorenzkurve dargestellt (Die Werte für 1986 sind Ergebnisse von Modellsimulationen). Auf der X-Achse sind die Teilgebiete aufsteigend nach dem Anteil der in ihnen lebenden Ausländer sortiert aufgetragen, auf der Y-Achse die dazugehörigen kumulierten Ausländeranteile. Der Abstand der resultierenden Kurve von der dünn eingezeichneten Hauptdiagonale gibt den Grad der Segregation der ethnischen Gruppen in der Region an: Wäre der Ausländeranteil an der Bevölkerung in allen Teilgebieten der Region gleich, würde die Lorenzkurve auf der Diagonalen liegen. Dies ist ersichtlich nicht der Fall, mehr noch, die Segregation nimmt zu, wie der Vergleich der schwarzen (1970) und der schraffierten (1986) Fläche zeigt.

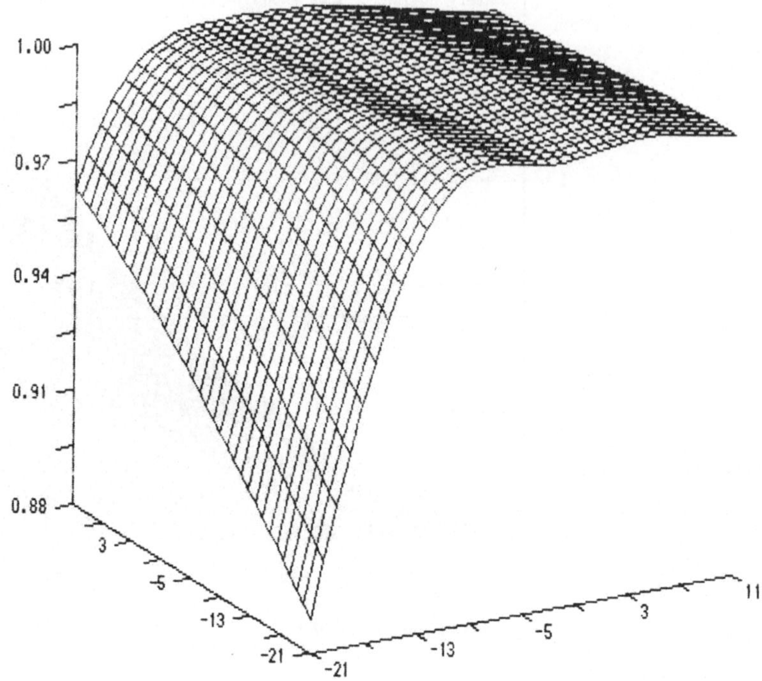

Abbildung 27. Mit *grid3d* *(3.10)* können nicht nur Funktionswerte wie die Sinuskurve in *demo12*, sondern auch beliebige zweidimensionale Verteilungen dargestellt werden. Die hier gezeigte Oberfläche stellt die Werte der Likelihood-Funktion eines zweiparametrigen Logitmodells für verschiedene Kombinationen der Werte der beiden Parameter dar. Die Werte der beiden Parameter sind auf der X- und Y-Achse aufgetragen, während die Z-Achse die Werte der Likelihood-Funktion angibt. Die Programmierung erfolgte im wesentlichen in drei Schritten: dem Einlesen der Funktionswerte aus einer Datei, dem Festlegen der Parameter in *workbox3d* (3.10) und dem Aufruf von *grid3d* (3.10) mit den Funktionswerten als Z-Feld.

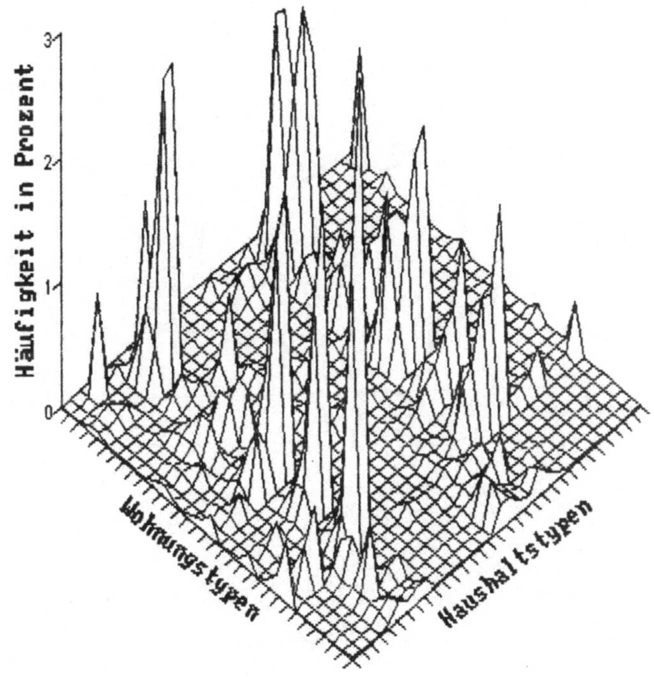

Abbildung 28. Ein weiteres Beispiel für die Anwendung von *grid3d* (3.10) ist diese Darstellung der Wohnungsbelegung eines Dortmunder Stadtbezirks. Hier wird das Unterprogramm zur Darstellung der Werte einer zweidimensionalen Matrix eingesetzt: Auf der X-Achse der Matrix sind verschiedene Haushaltstypen und auf der Y-Achse verschiedene Wohnungstypen aufgetragen; die Z-Achse gibt die relative Häufigkeit der Belegung eines Wohnungstyps mit einem Haushaltstyp an. Zu erkennen ist die Häufung bestimmter Kombinationen von Haushaltstypen und Wohnungstypen. Die Programmierung wurde in den gleichen Schritten wie in Abbildung 27 durchgeführt. Die Beschriftung der Achsen erfolgte mit *text* (3.7) ähnlich wie in Abbildung 20.

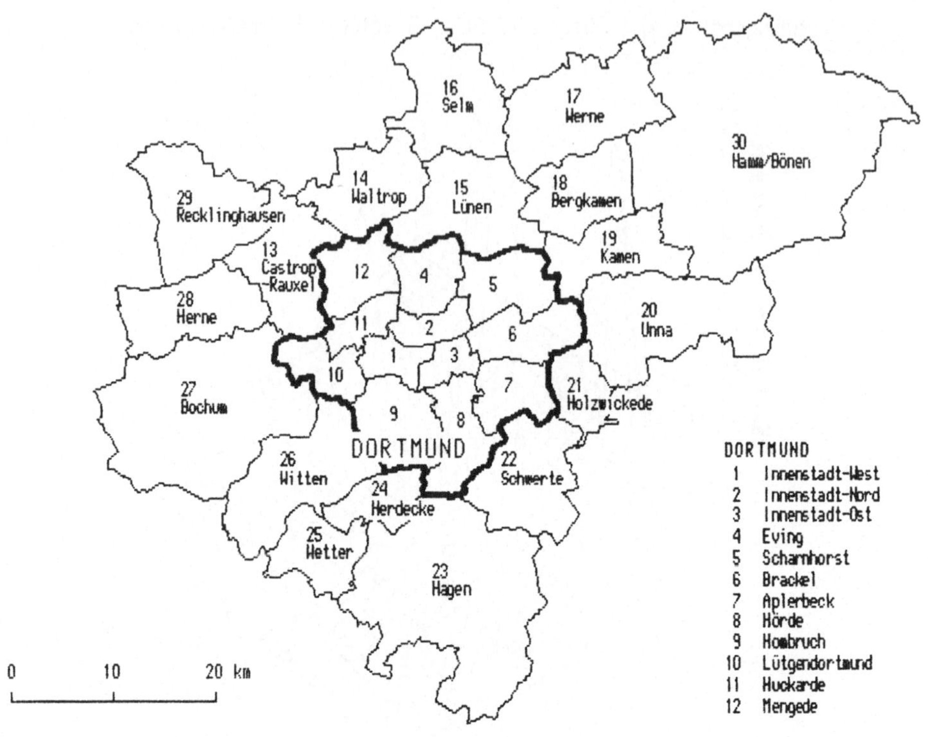

Abbildung 29. Karte des östlichen Ruhrgebiets mit Einteilung in dreißig räumliche Untersuchungseinheiten. Die Teilgebiete sind entweder Gemeinden oder innerhalb Dortmunds die zwölf Stadtbezirke. Die Gebietsgrenzen wurden mit einem Digitalisiergerät aufgenommen. Das Zeichnen der Grenzen erfolgte mit *pline* (3.5). Zusätzlich wurde die Stadtgrenze Dortmunds mit *tpline* (3.6) durch eine dickere Linie hervorgehoben. Zur Positionierung der Nummern und Namen der Teilgebiete wurde eine Datei mit den Mittelpunktskoordinaten und Bezeichnungen jedes Teilgebiets erzeugt. Die Beschriftung erfolgte mit *gothic6* (3.7) und *gothic8* (3.7). Zur besseren Lesbarkeit wurde der Schriftzug 'DORTMUND' mit einem schwarzen (weißen) Rechteck hinterlegt.

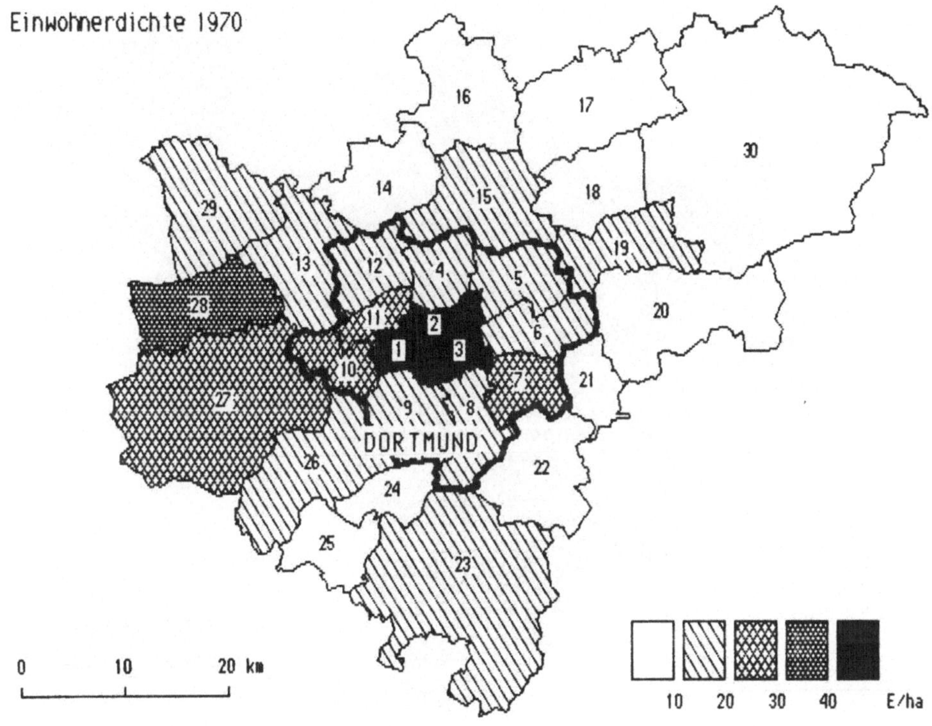

Abbildung 30. Karte des östlichen Ruhrgebiets als Choroplethen-karte zur Darstellung des Merkmals 'Einwohnerdichte 1970'. Die Ausprägungen des zu kartierenden Merkmals wurden mittels des WATFOR77-Editors in eine Datei eingeben. Die erste Zeile der Datei enthält die Bezeichnung des Merkmals sowie die Beschriftung der Legende. Das Kartierungsprogramm ermittelt hieraus selbsttätig eine für die Darstellung günstige Klasseneinteilung. Im Interesse deutlicher Graustufenunterschiede ist die Zahl der Klassen auf fünf beschränkt. Die Füllung der Flächen erfolgte mit *paint* (3.6). Als letztes wurde die Karte mit *gothic6* (3.7) und *gothic8* (3.7) be-schriftet. Die Karte veranschaulicht die Dichteunterschiede zwischen den Kernstädten des Ruhrgebiets und den ländlichen Gemeinden des Umlands.

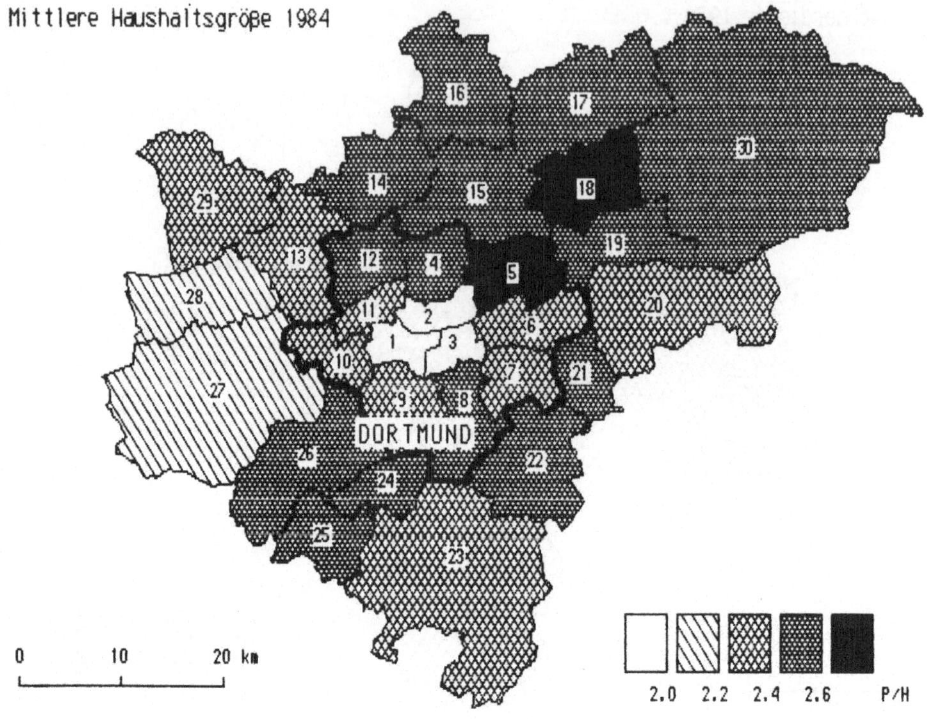

Abbildung 31. Ein ganz anderes Bild ergibt eine Kartierung der mittleren Haushaltsgrößen in den Teilgebieten. Hier zeichnet sich deutlich der größere Anteil der Einpersonenhaushalte in der Innenstadt Dortmunds ab, während Scharnhorst (5) und Bergkamen (18) wegen ihrer relativ jungen Bevölkerung die größten Haushalte aufweisen. Die Karte wurde mit demselben Programm erzeugt wie die in den beiden vorigen Abbildungen. Dabei müssen die Umrisse der Teilgebiete nur einmal gezeichnet werden. Für Mehrfachanwendungen kann ein bestimmtes Kartenlayout als 'Picture' (siehe 3.8) abgespeichert und beliebig oft abgerufen werden.

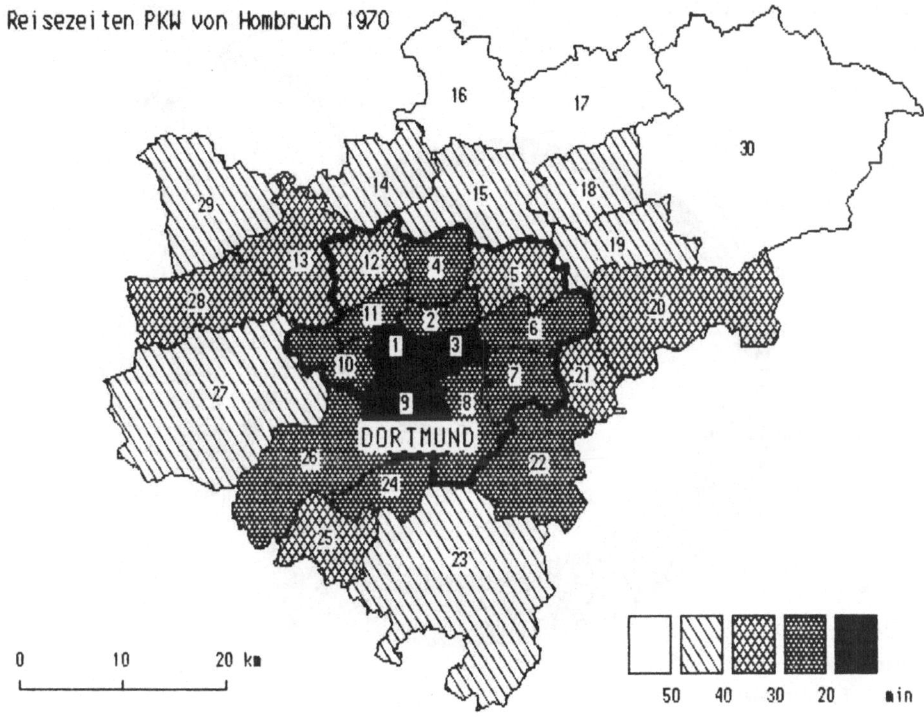

Abbildung 32. Eine weitere mit demselben Programm erzeugte Karte zeigt ein Ergebnis von Verkehrssimulationen auf dem regionalen Verkehrsnetz, hier die mittlere Reisezeit mit dem PKW vom Stadtbezirk Hombruch (9) zu allen anderen Teilgebieten. Eine entsprechende Karte für den öffentlichen Nahverkehr kann zum Beispiel zum Vergleich zwischen der Erreichbarkeit eines Standorts im öffentlichem Nahverkehr und im Individualverkehr benutzt werden.

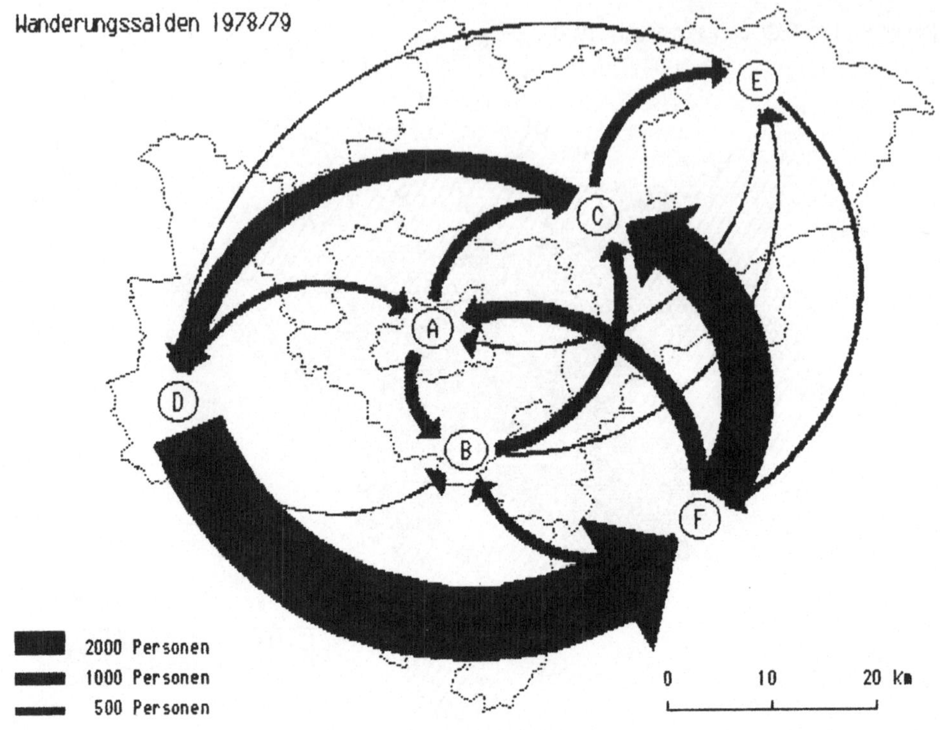

Abbildung 33. Diese Karte zeigt ein Beispiel für Ergebnisse einer Analyse der Wanderungsströme im östlichen Ruhrgebiet zwischen 1970 und der Gegenwart. Die Pfeile in der Karte stellen die Wanderungssalden zwischen größeren Teilgebieten der Region dar: Teilgebiet A ist die Dortmunder Innenstadt, B das übrige Dortmund, C der Kreis Unna und Castrop-Rauxel, D sind die westlich angrenzenden Ruhrgebietsgemeinden, und E sind Bönen und Hamm. F ist der 'Rest der Welt'. Die Dicke der Pfeile gibt die Größe des Wanderungssaldos zwischen zwei Teilgebieten an, die Pfeilspitze die Richtung des Nettowanderungsstroms. Die Programmierung der kreisförmigen Pfeilsegmente erfolgte mit *ring* (3.6). Die Gebietsgrenzen wurden als Auszug der detaillierteren Gebietsgrenzen der Karten in Abbildung 16-19 punktiert dargestellt. Inhaltlich zeigt die Karte zum Teil erhebliche Austauschprozesse zwischen den Teilregionen in den Jahren 1978/1979.

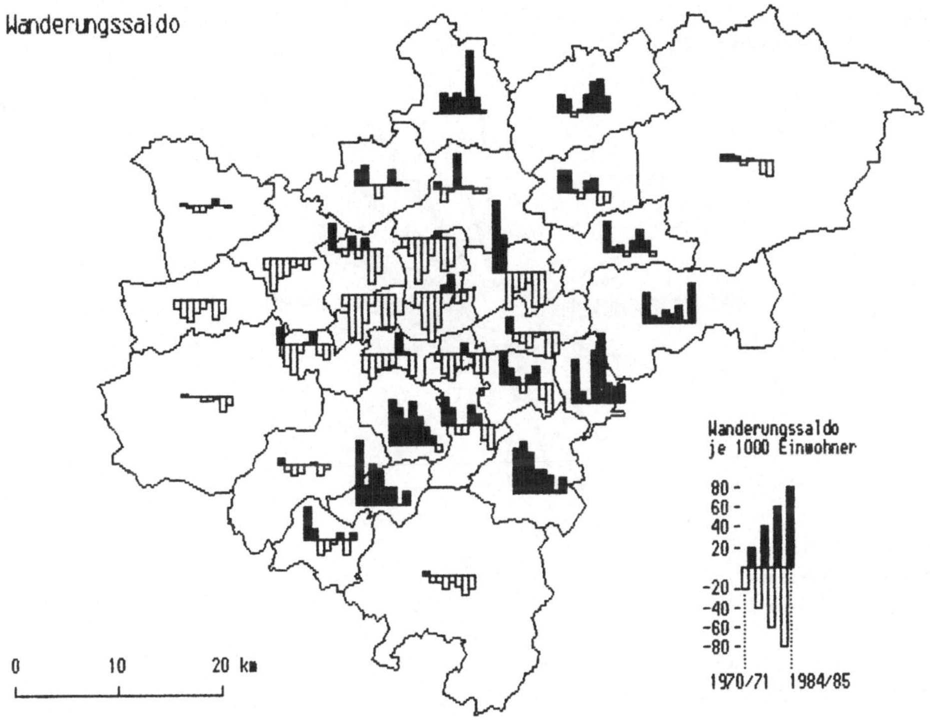

Abbildung 34. In dieser Karte ist die zeitliche Entwicklung der Wanderungssalden der dreißig Teilgebiete zwischen 1970 und 1985 dargestellt. Jede Säule entspricht dem Wanderungssaldo von zwei Jahren bezogen auf 1000 Einwohner, weiße Säulen sind Wanderungsverluste, schwarze Säulen Wanderungsgewinne. Es zeigt sich deutlich, daß die südlichen Vororte Dortmunds und die südlichen, östlichen und nordöstlichen Umlandgemeinden Wanderungsgewinne zu verzeichnen haben, während die Kernstadtgebiete und die westlichen Stadtbezirke Dortmunds Einwohner verlieren. Deutlich zeichnet sich auch eine abfallende Tendenz der Einwohnerzuwächse im Süden Dortmunds und bei den südlichen Umlandgemeinden Herdecke, Wetter und Schwerte ab, während die Einwohnergewinne der Umlandgemeinden im Norden wie Selm und Werne tendenziell steigen. Man beachte die Unterdrückung der Grenzen hinter den weißen Säulen mit Hilfe der Blackout-Technik.

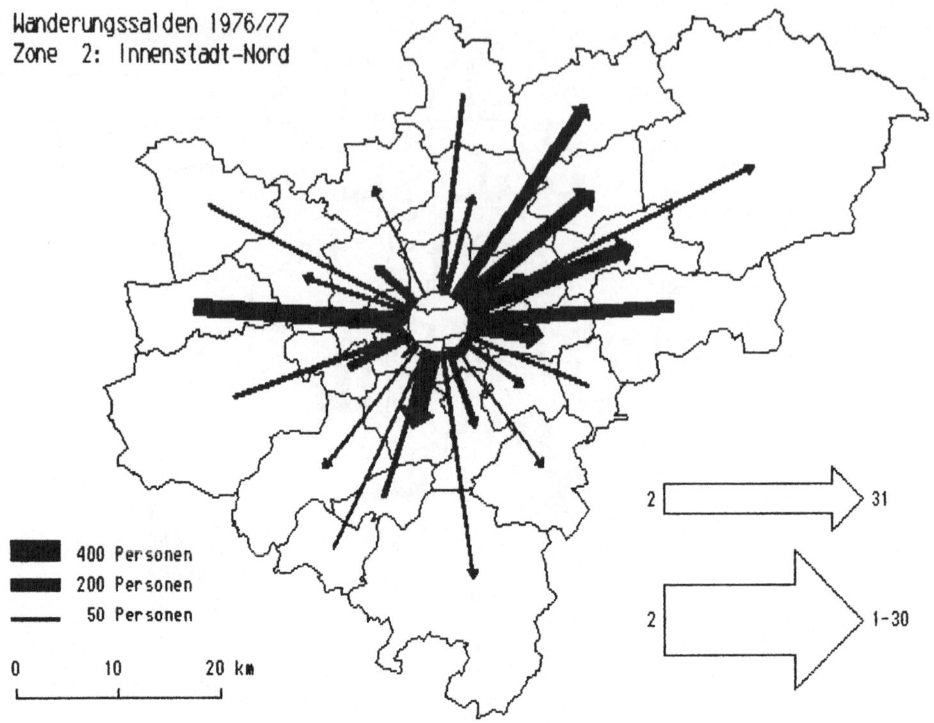

Abbildung 35. Diese und die folgende Karte stellen die Richtungen der Nettowanderungen eines der 30 Teilgebiete in zwei verschiedenen Zeitperioden im einzelnen dar: des Dortmunder Stadtbezirks Innenstadt-Nord (2). In den Jahren 1976/77 verlor der Stadtbezirk erheblich an Bevölkerung, und zwar überwiegend an die östlichen und südlichen Vororte Dortmunds (Brackel, Hombruch) und die nordöstlichen Umlandgemeinden (Werne, Bergkamen, Kamen). Diese Verluste konnten durch Zuwanderungen aus der Region (Herne, Unna) nicht wettgemacht werden: Die weißen Pfeile rechts von der Karte ziehen die Gesamtbilanz der Wanderungssalden zwischen dem Gebiet 2 und der übrigen Region (1-30) sowie dem 'Rest der Welt' (31).

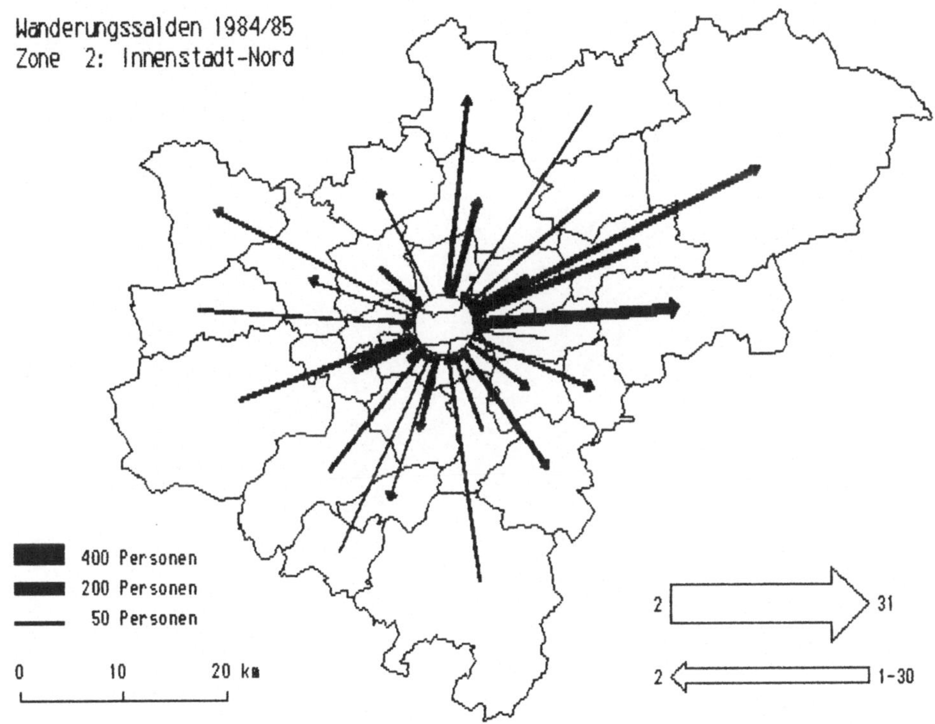

Abbildung 36. In den Jahren 1984/85 sieht die Wanderungsbilanz des Stadtbezirks Innenstadt-Nord ganz anders aus: Die insgesamt geringere Mobilität der Bevölkerung drückt sich in geringeren Wanderungssalden aus. Darüber hinaus verlaufen die Nettowanderungen zum Teil in umgekehrter Richtung, nun ist sogar eine leichte Rückwanderung aus den nordöstlichen Umlandgemeinden zu beobachten. Der geringe Wanderungsgewinn aus der Region wird jedoch durch die Abwanderung über die Regionsgrenzen hinaus weit übertroffen, so daß der Stadtbezirk weiterhin Einwohner verliert.

5 Anhang

Der Anhang besteht aus drei Teilen. Im ersten Abschnitt wird das in 2.4 erwähnte Programm zur Erzeugung eigener RAM-Fonts erläutert. Die beiden letzten Abschnitte enthalten Informationen zur Installation der Unterprogramme sowie einen Copyright-Hinweis.

5.1 Erzeugung von RAM-Fonts

Im folgenden wird eine Methode vorgestellt, wie man Unterprogramme wie *gothic6* (3.7) oder *gothic8* (3.7) zur Erzeugung von selbst entworfen RAM-Fonts schreiben kann. Hierbei ist das auf den nachfolgenden Seiten 143-145 wiedergegebene Programm *makefont* behilflich.

Das hier angewendete Prinzip zur Erzeugung selbst entworfener Schriftzeichen ist folgendes: Jedes darzustellende Zeichen wird als ein 'Picture' (siehe 3.8) abgespeichert und mit *putpic* (3.8) auf dem Bildschirm ausgegeben. Die zur Darstellung des 'Picture' erforderliche Information ist als 'packed pixel array' als Teil eines Zeichenfelds in einer Datei abgelegt. Das RAM-Font-Unterprogramm hat dann lediglich die Aufgabe, für jedes Zeichen des zu schreibenden Texts das entsprechende Teilzeichenfeld als 'Picture' an der richtigen Position des Bildschirms auszugeben.

Ein Problem hierbei besteht darin, daß unterschiedliche Graphikkarten eine unterschiedliche Zahl von Bits zur Darstellung eines Bildpunkts (Pixels) benötigen. So reicht zur Darstellung der zwei möglichen Farben der HERCULES-Karte (schwarz und weiß) ein Bit aus. Die EGA-Karte im Monochrombetrieb (mode 15) benötigt zwei Bits zur Darstellung ihrer vier 'Farben' (schwarz und drei Graustufen). Die EGA-Karte mit Farbmonitor (mode 16) hingegen erfordert vier Bits, um ihre 16 Farben darzustellen. Folglich haben die 'packed pixel arrays' der drei Graphikkarten unterschiedliche Formate. Das bedeutet, daß die RAM-Font-Information für die drei Graphikkarten in verschiedenen Dateien abgespeichert werden müssen, und daß das RAM-Font-Unterprogramm in der Lage sein muß, die für die vorhandene Graphikkarte richtige Datei herauszufinden (vgl. 3.7).

Damit sind zur Erzeugung einer RAM-Schrift drei Arbeitsschritte erforderlich:

(1) Entwurf der Schrift auf einem Punktraster der gewünschten Auflösung. Dies kann auf Rechenpapier oder unmittelbar am Bildschirm mit dem WATFOR-77-Editor in einer Datei erfolgen. Je nach der Größe der Zeichen passen unterschiedlich viele Zeichenfelder nebeneinander. An jeder Position des Zeichenfelds, die geschwärzt werden soll, wird ein beliebiges Zeichen eingetragen. Ein Beispiel für eine RAM-Font-Datei ist die im Anschluß an das Programm *makefont* wiedergebene Datei GOTHIC6.FNT. Bei der Schrift GOTHIC6 wird jedes Zeichen auf einem Zeichenfeld von 6x9 Bildpunkten abgebildet - somit passen genau 10 Zeichen nebeneinander in das 60 Byte breite Datenfeld in den Spalten 11 bis 70.

(2) Übertragung dieser Font-Information als 'packed pixel arrays' als Teil eines Zeichenfelds in eine Datei. Hierzu dient das nachstehend wiedergegebene Programm *makefont* mit seinem Unterprogramm *makepic*. Ein 'packed pixel array' in GKS ist eine CHARACTER-Variable und besteht aus zwei Teilen: Der erste Teil ist ein Header von sechs Byte Länge, in dem die Breite und Höhe des 'Picture' in hexadezimaler Form sowie die Anzahl der Bits je Pixel angegeben sind. Der zweite Teil ent-

hält das Bitmuster des 'Picture' zeilenweise von links oben bis rechts unten. Folglich ist die Länge des zweiten Teils von der Größe des 'Picture' und der Anzahl der Bits je Pixel abhängig. Deshalb müssen vor Gebrauch von *makefont* die folgenden Parameter des Programms angepaßt werden:

npa Anzahl Zeichen ('pixel arrays')
nph Anzahl Pixel horizontal je Zeichen
npv Anzahl Pixel vertikal je Zeichen
ncb Anzahl Farbbits je Pixel
ncl Anzahl Zeichen je Zeile in der RAM-Font-Datei

Außerdem sind die Namen der RAM-Font-Datei mit der Schriftvorlage und der gewünschten RAM-Font-Picture-Datei als Ausgabedatei anzugeben. Die in der nachfolgenden Programmauflistung enthaltenen Parameter sind die zur Erzeugung der RAM-Font-Picture-Datei GOTHIC6.FT1 verwendeten. Nach Ausführung von *makefont* enthält diese Datei die von *gothic6* (3.7) benötigten Informationen zur Erzeugung der Schrift GOTHIC6 mit der HERCULES-Karte. Die Abspeicherung ist möglichst platzsparend, deshalb wird der bei jedem Zeichen identische Header von sechs Bytes Länge nur einmal gespeichert (und enthält eine andere Information). Für jede Graphikkarte ist ein gesonderter Lauf von *makefont* erforderlich. Danach wird die RAM-Font-Datei GOTHIC6.FNT nicht mehr benötigt.

(3) Programmierung der Positionierung und Ausgabe der Zeichen als 'Picture'. Als letztes ist das eigentliche RAM-Font-Unterprogramm zu programmieren. Hierfür können die Unterprogramme *gothic6* (3.7) und *gothic8* (3.7) als Vorlage dienen. Die ersten Zeilen der beiden Unterprogramme dienen der Identifizierung der richtigen Eingabedatei: dies geschieht durch Aufruf von *askvideo*. Aus den Parametern von *askvideo* kann die vorhandene Graphikkarte und damit die Anzahl von Bits je Bildpunkt (Pixel) ermittelt werden: diese entspricht hier der letzten Ziffer der 'extension' des Dateinamens der RAM-Font-Picture-Datei. Danach kann die Zeichenvariable pic mit Hilfe von *loadpic* eingelesen werden. Der Rest des Unterprogramms

hat die Aufgabe, für jedes Zeichen des zu schreibenden Texts das richtige Teilzeichenfeld aus pic herauszufinden und mit *putpic* an der vorgegebenen Stelle des Bildschirms auszugeben. Die Berechnung von Anfang und Ende des Teilzeichenfelds des n-ten Zeichens erfolgt nach folgender Formel:

$$iba = (n\text{-}1)*(nph*npv*ncb\text{-}1)/8 + 1) + 7$$
$$ibe = n*(nph*npv*ncb\text{-}1)/8 + 1) + 6$$

wobei iba das erste und ibe das letzte Zeichen des gesuchten Teilzeichenfelds sind. Außerdem verdient der Pointer ind Erwähnung: durch ihn wird jedem möglichen ASCII-Zeichen ein Zeichen der neuen Schrift zugeordnet; nicht druckbare Zeichen werden als Leerzeichen dargestellt. Die aufgelistete Zahlenfolge von ind entspricht der Reihenfolge der Zeichen in GOTHIC6.FNT. Werden die Zeichen in der RAM-Font-Datei in einer anderen Reihenfolge eingegeben, ist ind entsprechend zu ändern.

Das auf diese Weise erzeugte neue RAM-Font-Unterprogramm kann in die Unterprogrammbibliothek \WFLIB (siehe 5.2) eingefügt werden und ganz so wie *gothic6* und *gothic8* aufgerufen werden.

Auf diese Weise können mit *makefont* nicht nur Schriften, sondern auch häufig wiederkehrende Zeichnungselemente wie Symbole, Signets oder Markierungen in 'packed pixel arrays' abgelegt werden. Zu beachten ist, daß nur gleich große Symbole in einem Lauf verarbeitet werden können, und daß bei der gleichzeitigen Verarbeitung von mehreren Zeichen der Header wie im obigen Schriftbeispiel nur einmal abgespeichert wird. Nur wenn ein Zeichen allein verarbeitet wird, entspricht die Ausgabedatei dem Format einer PICTURE-Datei und kann unmittelbar mit *loadpic* gelesen und mit *putpic* ausgegeben werden. In der Auflistung ist *makefont* so dimensioniert, daß maximal 100 Zeichen von maximal 16x24 Bildpunkten gleichzeitig verarbeitet werden können.

In analoger Weise ist es auch möglich, einzelne Symbole in Hexadezimaldarstellung in DATA-Statements abzulegen. Hierzu kann das Unterprogramm *makepic* direkt aufgerufen werden. Durch *makepic* wird ein 'cell array' nach GKS-Konvention in ein 'packed pixel array' umgeformt. Ein 'cell array' ist ein zweidimensionales INTEGER-Feld, dessen Elemente einen Farbschlüssel (siehe *setcolor* in 3.3) enthalten, das heißt, das 'cell array' ist ein numerisches Abbild des zu erzeugenden 'Picture'. Die folgenden Parameter sind an *makepic* zu übergeben:

nph	Anzahl Bildpunkte des cell array horizontal
npv	Anzahl Bildpunkte des cell array vertikal
ncb	Anzahl Farbbits je Bildpunkt
ica	cell array (Eingabe)
pic	packed pixel array (Ausgabe)

In der Auflistung von *makepic* ist ica mit maximal 16x24 Bildpunkten dimensioniert. Bei größeren Symbolen sind diese Dimensionen zu erweitern. Die CHARACTER-Variable pic ist ein eindimensionales Feld mit einem Element von mindestens

$$(nph*npv*ncb-1)/8 + 7$$

Bytes Länge. Nach dem Aufruf von *makepic* ergibt der hexadezimale Ausdruck von pic den im DATA-Statement zu kodierenden Text.

```
        program makefont
c
c       program for generating a picture file
c       with packed pixel arrays for RAM font
c
c        npa = number of pixel arrays (characters)
c        nph = horizontal pixels per character
c        npv = vertical pixels per character
c        ncb = number of colour bits per pixel
c        ncl = characters per line in xxxx.FNT
c        nbp = number of bytes per pixel array
c            = ((nph*npv*ncb-1)/8+1
c        nbf = number of bytes per picture file
c            = ((nph*npv*ncb-1)/8+1)*npa+6
c
        dimension ica(16,24,100),chr(20),tpic(1),pic(1),wn(4),vp(4)
        character chr*16,tpic*198,pic*19206,fin*12,fout*12,fmt*40
c
c       ++ adjust parameters:
        data npa,nph,npv,ncb,ncl /100,6,9,1,10/
c
c       ++ adjust file names: input, output
        data fin,fout /'gothic6.fnt','gothic6.ft1'/
c
```

144

```fortran
c$nocheck
      open (8,file=fin)
      icc = max(1,ncb**2-1)
      nc = 0
      write (fmt,'(a5,i2,a1,i2,a1)') '(10x,',ncl,'a',nph,')'
      read (8,fmt)
      nc = 0
      do 100 ik=1,100
      ice = (ik-1)*ncl
      do 100 ipv=1,npv
      read (8,fmt,end=90) (chr(ic)(1:nph),ic=1,ncl)
      do 100 ic=1,ncl
      if (ice+ic.gt.npa) goto 100
      do 110 iph=1,nph
      ica(iph,ipv,ice+ic) = 0
      if (chr(ic)(iph:iph).ne.' ') ica(iph,ipv,ice+ic) = icc
110   continue
100   continue
 90   nbp = (nph*npv*ncb-1)/8+1
      do 200 ic=npa,1,-1
      iba = (ic-1)*nbp+1
      call makepic(nph,npv,ncb,ica(1,1,ic),pic(1)(iba:))
200   continue
      tpic(1)(1:6) = pic(1)(1:6)
      call igks
      pic(1)(1:1) = char(mod(nbp*8/ncb,256))
      pic(1)(2:2) = char(nbp*8/ncb/256)
      pic(1)(3:3) = char(mod(npa,256))
      pic(1)(4:4) = char(npa/256)
      call savepic(fout,pic)
      call loadpic(fout,pic)
      call gqdsp(10,ierr,0,w,h,iw,ih)
      call gqnt(1,ierr,wn,vp)
      px = (wn(2)-wn(1))/iw
      py = (wn(4)-wn(3))/ih
      x0 = wn(1)+px*.1
      xa = x0
      dx = (nph+1)*px
      ya = py*.1
      dy = npv*1.33*py
      do 300 ic=1,npa
      iba = (ic-1)*nbp+1
      tpic(1)(7:6+nbp) = pic(1)(iba+6:)
      call putpic(xa,ya,tpic)
      xa = xa+dx
      if (ic.ne.30.and.ic.ne.60) goto 300
      xa = x0
      ya = ya-dy
300   continue
      call cgks
      stop
      end
c
c
c
```

```fortran
      subroutine makepic(nph,npv,ncb,ica,pic)
c
c     Transform an INTEGER cell array
c     into a packed pixel array for PIC
c
      dimension ms(8),ica(16,24),pic(1)
      character pic*(*)
c
      data ms /128,64,32,16,8,4,2,1/
c
      pic(1)(1:1) = char(mod(nph,256))
      pic(1)(2:2) = char(nph/256)
      pic(1)(3:3) = char(mod(npv,256))
      pic(1)(4:4) = char(nph/256)
      pic(1)(5:5) = char(ncb)
      pic(1)(6:6) = char(0)
      ic = 7
      mb = 8/ncb
      ib = 0
      ns = 0
      do 100 iz=1,npv
      do 100 is=1,nph
      ib = ib+1
      if (ib.le.mb) goto 101
      pic(1)(ic:ic) = char(ns)
      ib = 1
      ns = 0
      ic = ic+1
  101 ns = ns+ms(ib*ncb)*ica(is,iz)
  100 continue
      pic(1)(ic:ic) = char(ns)
      return
      end
```

Als Beispiel für die Eingabe einer selbst entworfenen Schrift wird
die zur Erzeugung der Schrift GOTHIC6 verwendete RAM-Font-
Datei GOTHIC6.FNT wiedergegeben:

```
TEXT69     123456123456123456123456123456123456123456123456123456123456
TEXT69     1  o    0000    000   0000   00000 00000  000  o   o   o    0000
TEXT69     2 o o   o     o o    o o    o o      o       o    o o   o   o      o
TEXT69     3o   o o    o o      o     o o      o       o       o   o   o      o
TEXT69     4o0000 00000 o      o     o 0000   0000   o  00 00000   o         o
TEXT69     5o   o o    o o      o     o o      o       o    o o o   o         o
TEXT69     6o   o o    o o    o o    o o      o       o    o o   o   o   o   o
TEXT69     7o   o 0000    000   0000   00000 o        000  o   o   o     000
TEXT69     8
TEXT69     9
TEXT69     1o   o o    o o      o o    o  000  0000    000  0000    000  00000
TEXT69     2o   o o      00 00 o    o o    o o    o o    o o    o o   o     o
TEXT69     3o o   o      o o o 00   o o    o o    o o    o o    o o         o
TEXT69     4oo     o     o   o o o o o   o 0000   o   o 0000    000       o
TEXT69     5o o   o      o     o o  00 o    o o    o    o o o         o     o
TEXT69     6o  o   o     o     o o    o o    o o    o o o o   o   o     o
TEXT69     7o   o 00000 o     o o    o  000   o         000  o   o   000     o
TEXT69     8                                            o
TEXT69     9
TEXT69     1o   o o    o o    o o    o o    o 00000 o o  o   o   o o
TEXT69     2o   o o    o o    o o    o o      o       o  o o   000
TEXT69     3o   o o    o o    o  o o    o o      o   o   o o   o o   o
TEXT69     4o   o o    o o    o    o      o       o 00000 o    o o   o
TEXT69     5o   o o    o o o o   o o      o       o    o o   o o   o
TEXT69     6o   o o o  00 00 o   o    o    o      o    o o   o o   o
TEXT69     7 000     o    o   o o    o    o 00000 o    o  000   000
TEXT69     8
TEXT69     9
TEXT69     1        o                o           000        o       o     o
TEXT69     2        o                o          o         o
TEXT69     3 000  0000    000   0000  000  0000   000  0000    00     00
TEXT69     4    o o   o o    o o    o o    o o    o o    o o   o    o     o
TEXT69     5 0000 o    o o      o    o 00000 o    o o    o o    o     o     o
TEXT69     6o   o o    o o    o o    o o      o    o o    o o    o     o
TEXT69     7 0000 0000   000   0000  000   o      0000 o   o   o     o
TEXT69     8                                       o               o
TEXT69     9                                    000               00
TEXT69     1o     00                                              o
TEXT69     2o      o                                              o
TEXT69     3o   o   o   00 o 0000   000  0000   000  o 00    000   000
TEXT69     4o   o   o   o o o o    o o    o o    o o  o 00   o o        o
TEXT69     5o00   o     o o o o    o o    o o    o o    o o         000  o
TEXT69     6o   o   o   o o o o    o o    o o    o o    o o             o   o
TEXT69     7o   o   o   o o o o      o  000  0000   0000 o      000     000
TEXT69     8                                o          o
TEXT69     9                                o          o
TEXT69     1                                   o o   o o   o o
TEXT69     2                                                       000
TEXT69     3o   o o   o o o o o    o o      o 00000  000    000  o   o o   o
TEXT69     4o   o o   o o o o o  o o   o    o      o    o o   o o 0000
TEXT69     5o   o o   o o o o   o      o    o    0000 o    o o   o   o
TEXT69     6o   o o o o o o o    o o    o o    o    o o    o o   o    o   o
TEXT69     7 000     o    o o  o    o  000 00000 0000  000    000  0000
TEXT69     8                           o                          o
TEXT69     9                          000                         o
```

```
TEXT69   1 ooo    o      ooo    ooo       oo ooooo  ooo  ooooo  ooo    ooo
TEXT69   2o   o  oo    o   o o    o    o o o      o    o      o o    o o    o
TEXT69   3o   o   o        o       o   o  o o      o          o   o    o o    o
TEXT69   4o   o   o      o       oo  o    o 0000  0000     o     ooo    0000
TEXT69   5o   o   o      o          o ooooo      o  o    o  o     o    o     o
TEXT69   6o   o   o    o      o    o      o  o   o  o   o  o      o    o      o
TEXT69   7 ooo    o    ooooo  ooo       o  ooo    ooo    o       ooo    ooo
TEXT69   8
TEXT69   9
TEXT69   1    ooo          o        o  o           o     oo              oo
TEXT69   2 o               o        o  o     o  o   ooo   oo  o  oo       oo
TEXT69   3    ooo          o        o  o  ooooo o o o     o   o  o        oo
TEXT69   4 o   o           o            o  o   oo        o     oo
TEXT69   5    ooo          o            ooooo   oo    o     oo   o
TEXT69   6       o                      o  o  o o o o   oo  o  oo
TEXT69   7    ooo          o                    ooo         oo   ooo
TEXT69   8                                       o
TEXT69   9
TEXT69   1    o     o
TEXT69   2 o      o     o o o    o                              o
TEXT69   3 o        o    ooo     o                          o     oo    oo
TEXT69   4 o        o    ooooo ooooo        ooooo           o     oo    oo
TEXT69   5 o        o    ooo     o                         o
TEXT69   6 o        o    o o o   o     oo            oo   o      oo    oo
TEXT69   7 o     o                oo            oo            oo    oo
TEXT69   8                         o                                 o
TEXT69   9                         o                                 o
TEXT69   1    o       o    ooo          o    o      oo    oo    oo
TEXT69   2 o             o    o    o       o      o    o  o     o    o
TEXT69   3 o   ooooo     o      o       ooo    ooo    o  o    o    o
TEXT69   4o              o    o         o   o  o   o   oo    o      o
TEXT69   5 o   ooooo     o    o         ooooo ooooo        ooo  oo
TEXT69   6 o            o              o    o
TEXT69   7   o        o      o         ooo    ooo
TEXT69   8
TEXT69   9                        oooooo
```

5.2 Installationshinweise

Benötigte Hardware und Software

Zur Benutzung der in diesem Buch beschriebenen Programme ist ein IBM-kompatibler PC XT oder AT mit 640 KB Arbeitsspeicher, zwei Diskettenlaufwerken oder einer Festplatte und einem Diskettenlaufwerk, einer monochromen HERCULES-Graphikkarte oder einer EGA-Graphikkarte sowie einem Monochrom- oder Farbmonitor erforderlich. Ein mathematischer Koprozessor 8087/80287 beschleunigt die Ausführung der Programme erheblich. Für die Hardcopy-Ausgabe von Text und Graphik wird ein mit dem IBM-Graphik-Drucker kompatibler Matrixdrucker mit neun Drucknadeln benötigt.

Als Software wird der WATFOR-77-Compiler/Editor (Version 3.0) mit dem WATCOM GKS Subsystem (Version 1.3) der Firma WATCOM Systems Inc., Waterloo, Ontario, Canada, benötigt. Diese Software ist im Rahmen von Campuslizenzen an vielen Hochschulrechenzentren erhältlich.

Von den mit WATFOR-77 und WATCOM GKS gelieferten vier Disketten werden die folgenden Dateien benötigt:

WATFOR77.EXE	WATFOR-77-Compiler
CONFIG.COM	Programm zum Konfigurieren des Compilers
WEDITF.EXE	integrierter WATCOM-Editor
WEDITF.PRF	Profile-Datei des Editors
WEDITF.HLP	Help-Datei des Editors
WATFOR.LIB	Bibliothek mit WATFOR-77-Unterprogrammen
WGKS.EXE	residentes WATCOM-GKS-Programm
WGKS.LIB	Bibliothek mit den WATCOM-GKS-Unterprogrammen
HERCBIOS.COM	Programm zum Initialisieren der HERCULES-Karte

Soll ein mathematischer Koprozessor 8087/80287 benutzt werden, heißt die erste Datei WATFOR87.EXE. Außer den obengenannten neun Dateien wird das Programm zur Initialisierung der Graphikzeichen GRAFTABL.EXE von der DOS-Systemdiskette benötigt. Sollen während der Arbeit mit dem Compiler/Editor DOS-Funktionen oder Programme aufgerufen werden, muß der Kommandoprozessor COMMAND.COM im aktuellen Pfad erreichbar sein.

Die in diesem Buch beschriebenen Programme befinden sich auf einer Diskette mit dem Namen 'GKSMAKROS'. Die Diskette enthält drei Unterverzeichnisse und drei Einzeldateien:

\WFLIB	mit den 72 Makro-Unterprogrammen
\WFDEM	mit den 12 Demonstrationsprogrammen
\WFRAM	mit dem RAM-Font-Programm MAKE-FONT.FOR, zwei RAM-Font-Dateien und vier RAM-Font-Picture-Dateien
WATFORFD.BAT	Batch-Datei zum Aufruf des Compiler/Editors mit zwei Diskettenlaufwerken
WATFORHD.BAT	Batch-Datei zum Aufruf des Compiler/Editors mit Festplattenlaufwerk
LIESMICH.TXT	Textdatei mit diesen Hinweisen

Vorbereitung

Zur Beschleunigung des Ladens von Unterprogrammen empfiehlt sich besonders beim Betrieb mit zwei Diskettenlaufwerken die Übertragung der beiden Bibliotheken WATFOR.LIB und WGKS.LIB sowie der 72 Unterprogramme und der vier RAM-Font-Picture-Dateien auf eine RAM-Disk. Hierfür werden gegenwärtig ca. 90 KB benötigt. Zur Installation der RAM-Disk muß das Programm RAMDRIVE.SYS oder VDISK.SYS auf der Systemdiskette oder im aktuellen Pfad vorhanden sein. Damit beim Systemstart eine RAM-Disk eingerichtet wird, muß in die Datei CONFIG.SYS im Root-Verzeichnis die Zeile eingefügt werden:

```
      DEVICE=RAMDRIVE.SYS 128 128 128
oder  DEVICE=VDISK.SYS 128 128 128
```

Die erste Zahl gibt die Größe der RAM-Disk in KB an, die letzte die maximale Anzahl von Einträgen in ihrem Verzeichnis. Mit dem Zusatz /e wird bewirkt, daß bei einem AT die RAM-Disk oberhalb der 640-KB-Grenze angelegt wird.

Erstinstallation mit zwei Diskettenlaufwerken

Zur Erstinstallation des Compilers/Editors auf einem PC mit zwei Diskettenlaufwerken wird empfohlen, die genannten neun Dateien von den mit WATFOR-77 und WATCOM GKS gelieferten

Disketten einschließlich GRAFTABL.EXE und COMMAND.COM auf einer eigenen Diskette zusammenzufassen. Im folgenden wird angenommen, daß diese Diskette den Namen 'WATFOR77GKS' trägt.

Außerdem ist lediglich die auf der Diskette 'GKSMAKROS' befindliche Batch-Datei WATFORFD.BAT unter dem Namen 'WATFOR.BAT' auf die Diskette 'WATFOR77GKS' zu übertragen.

Erstinstallation mit Festplatte

Zur Erstinstallation des Compilers/Editors auf einem PC mit Festplatte werden zuerst die obengenannten neun Dateien in ein neu eingerichtetes Unterverzeichnis \WATFOR übertragen. Danach werden die auf der Diskette 'GKSMAKROS' befindlichen drei Unterverzeichnisse in drei gleichnamige Unterverzeichnisse auf der Festplatte übertragen. Außerdem wird für die Aufnahme eigener WATFOR-77-Programme ein neues Unterverzeichnis \WFPROG eingerichtet. Um Programme in diesen Unterverzeichnissen aufrufen zu können, wird in der Datei AUTOEXEC.BAT im Root-Verzeichnis die Zeile eingefügt:

```
PATH \;\watfor;\wfprog
```

oder die vorhandene PATH-Anweisung wird entsprechend ergänzt. Abschließend wird die auf der Diskette 'GKSMAKROS' befindliche Batch-Datei WATFORHD.BAT unter dem Namen WATFOR.BAT in das neue Unterverzeichnis \WATFOR übertragen.

Aufruf mit zwei Diskettenlaufwerken

Der Aufruf des Compilers/Editors auf einem PC mit zwei Diskettenlaufwerken erfolgt mit Hilfe der Batch-Datei WATFORFD.BAT (als WATFOR.BAT auf Diskette 'WATFOR77GKS'):

```
a:wgks
a:hercbios
a:graftabl
copy a:watfor.lib c:
copy a:wgks.lib c:
copy b:\wflib\*.for c:
```

```
copy b:\wfram\*.ft* c:
set library=c:watfor;c:wgks;c:;b:
set ram=c:
b:
cls
a:watfor77 %1   (bzw. watfor87 %1)
```

Folgende Schritte sind erforderlich:

1. Starten des PC mit RAM-Disk, Eingabe von Datum und Zeit.

2. Einlegen der Diskette 'WATFOR77GKS' in Laufwerk A und der Diskette 'GKSMAKROS' in Laufwerk B.

3. Eingabe von 'WATFOR'. Das residente Programm WGKS.EXE wird gestartet, und die HERCULES-Karte (sofern vorhanden) und die Graphikzeichen werden initialisiert. Die beiden Bibliotheken WATFOR.LIB und WGKS.LIB und die Unterprogramme des Unterverzeichnisses B:\WFLIB sowie die RAM-Font-Picture-Dateien des Unterverzeichnisses \WFRAM werden auf die RAM-Disk übertragen. Laufwerk B wird zum Standardlaufwerk. Der Compiler/Editor wird geladen.

4. Einlegen einer Diskette zur Aufnahme von Programmen in Laufwerk B.

5. Beginn der Arbeit. Programme und Daten werden auf Laufwerk B gespeichert.

6. Bei wiederholtem Starten des Compilers/Editors genügt der einfache Aufruf mit 'A:WATFOR77' (bzw. 'A:WATFOR87').

Aufruf mit Festplatte

Der Aufruf des Compiler/Editors auf einem PC mit Festplatte erfolgt mit Hilfe der Batch-Datei WATFORHD.BAT (als WATFOR.BAT im Unterverzeichnis \WATFOR):

```
wgks
hercbios
graftabl
copy c:\watfor\watfor.lib d:
copy c:\watfor\wgks.lib d:
copy c:\wflib\*.for d:
```

```
copy c:\wfram\*.ft* d:
set library=d:\watfor;d:\wgks;d:;\wfprog\
set ram=d:
cd \wfprog
cls
watfor87 %1  (bzw. watfor87 %1)
```

Folgende Schritte sind erforderlich:

1. Starten des PC mit RAM-Disk.

2. Eingabe von 'WATFOR'. Das residente Programm WGKS.EXE wird gestartet, und die HERCULES-Karte (sofern vorhanden) und die Graphikzeichen werden initialisiert. Die beiden Bibliotheken WATFOR.LIB und WGKS.LIB und die Unterprogramme des Unterverzeichnisses \WFLIB sowie die RAM-Font-Picture-Dateien des Unterverzeichnisses \WFRAM werden auf die RAM-Disk übertragen. Unterverzeichnis \WFPROG wird zum Standardverzeichnis. Der Compiler/Editor wird geladen.

3. Beginn der Arbeit. Programme und Daten werden im Unterverzeichnis \WFPROG gespeichert.

4. Bei wiederholtem Starten des Compilers/Editors genügt der einfache Aufruf mit 'WATFOR77' (bzw. 'WATFOR87').

Abspeicherung übersetzter Programme

Im Normalbetrieb werden mit WATFOR-77 erstellte Programme übersetzt und unmittelbar danach ausgeführt ('compile and go'). Dabei müssen nicht alle für ein Programm benötigten Programmteile in der zu übersetzenden Programmdatei enthalten sein. Der Compiler sucht die in Aufrufen des zu übersetzenden Programms angesprochenen Unterprogramme ('externe Referenzen') entsprechend einer Suchreihenfolge, die der Benutzer mit Hilfe der DOS-Anweisung SET LIBRARY (siehe die beiden Batch-Dateien) oder bei der Konfiguration des Compilers mit CONFIG.COM vorschreiben kann, und fügt sie zu einem ausführbaren Programm zusammen.

Externe Referenzen können in Bibliotheken abgespeicherte Maschinenprogramme oder als Quellcode abgespeicherte Unterprogramme des Benutzers sein. Die Möglichkeit, übersetzte Unterprogramme des Benutzers in Lademodulbibliotheken abzuspeichern, gibt es (bisher) nicht. Infolge der Schnelligkeit des Übersetzungsvorgangs ist diese Beschränkung bei kleinen und mittelgroßen Programmen jedoch nicht erheblich.

Größere ausgetestete Programme können mit der EXE-Option des Compilers in Form ausführbarer Maschinenprogramme ('EXE-Files') abgespeichert werden. Zur Ausführung dieser Programme sind der Compiler/Editor und die von ihm verwendeten Dateien nicht mehr erforderlich, vor ihrem Aufruf müssen lediglich das residente GKS-Programm WGKS.EXE gestartet und die Programme HERCBIOS.COM und GRAFTABL.EXE ausgeführt werden.

Übersetzte WATFOR-77-Programme können andere WATFOR-77-Programme mit Hilfe des Makro-Unterprogramms *dos* (3.15) als Unterprozesse aufrufen. Dabei können Parameter als Zeichenkette übergeben und vom aufgerufenen Programm mit Hilfe der WATFOR-77-Funktion *parm* (siehe Coschi und Schueler, 1985) interpretiert werden. Beim Aufruf von *dos* muß der Kommandoprozessor COMMAND.COM im aktuellen Pfad erreichbar sein. Nach Ausführung eines Unterprozesses geht die Programmsteuerung an das Ausgangsprogramm zurück.

5.3 Copyright-Hinweis

Die in diesem Buch beschriebene Software ist urheberrechtlich geschützt.

Das Copyright für WATFOR-77 und WATCOM GKS liegt bei WATCOM Systems Inc., Waterloo, Ontario, Canada.

Die übrigen hier beschriebenen und abgedruckten Programme dürfen für nichtkommerzielle Zwecke der Forschung und Lehre benutzt und weitergegeben werden. Ihre Verwendung und Weitergabe für andere Zwecke ohne ausdrückliche Genehmigung des Copyright-Inhabers ist strafbar.

Der Copyright-Inhaber ist Michael Wegener, Institut für Raumplanung, Universität Dortmund, Postfach 500500, 4600 Dortmund 50.

Interessierte Leser erhalten - unter dem obigen Verwendungsvorbehalt - gegen Einsendung einer Leerdiskette (5.25") kostenlos eine Kopie der Diskette GKSMAKROS.

6 Literatur

Batty, M. (1986): *Microcomputer Graphics: Art, Design and Creative Modelling*. London: Chapman and Hall.

Bechlars, J. und R. Buhtz, (1986): *GKS in der Praxis*. Berlin/Heidelberg/New York: Springer.

Bowyer, A. und J. Woodwark (1983): *A Programmer's Geometry*. London: Butterworths.

Coschi, G. und J.B. Schueler (1985): *WATFOR-77 User's Guide IBM PC with DOS*. Waterloo, Ontario: WATCOM Publications.

Coschi, G. und J.B. Schueler (1986): *WATFOR77 Language Reference*. Waterloo, Ontario: WATCOM Publications.

Encarnacao, J.L., L.M. Encarnacao und W. Herzner (1987): *Graphische Datenverarbeitung mit GKS. Mit 40 lauffähigen Programmen auf dem IBM PC*. München: Carl Hanser Verlag.

Encarnacao, J.L. und W. Straßer (1988): *Computer Graphics. Gerätetechnik, Programmierung und Anwendung graphischer Systeme*. 3. Auflage. München: Oldenbourg.

Enderle, G. K. Kansy und G. Pfaff (1987): *Computer Graphics Programming. GKS - The Graphics Standard*. 2. Auflage. Berlin/Heidelberg/New York: Springer.

Foley, J.D. und A. van Dam (1982): *Fundamentals of Interactive Computer Graphics*. Reading, MA: Addison-Wesley.

Harrington, S. (1983): *Computer Graphics: A Programming Approach*. New York: McGraw Hill.

156

Knuth, D.E. (1981): *The Art of Computer Programming.* Vol. 2. Seminumerical Algorithms. Reading, MA: Addison–Wesley.

Myers, R.E. (1982): *Microcomputer Graphics.* Reading, MA: Addison Wesley. Deutsch (1983): *Mikrocomputer-Graphik.* Berlin: Pandasoft.

Newman, W.M. und R.F. Sproull (1979): *Principles of Interactive Computer Graphics.* New York: McGraw Hill. Deutsch (1986): *Grundzüge der interaktiven Computergrafik.* Hamburg: McGraw Hill.

Nicolovius, R. (1986): *Graphik mit GKS. Leitfaden zur Programmierung.* München: Carl Hanser Verlag.

Park, C.S. (1985): *Interactive Microcomputer Graphics.* Reading, MA: Addison-Wesley.

Purgathofer, W. (1985): *Graphische Datenverarbeitung.* Wien/New York: Springer.

Rogers, D.F. (1985): *Techniques for Computer Graphics.* New York: McGraw Hill.

Wirth, N. (1975): *Algorithmen und Datenstrukturen.* Stuttgart: Teubner.

Yach, D. (1986): *WATCOM GKS Tutorial and Reference.* Waterloo, Ontario: WATCOM Publications.

7 Referenzkarten

Zum Schluß werden die wichtigsten für die Anwendung der Graphik-Unterprogramme benötigten Informationen in komprimiertester Form auf Referenzkarten zusammengefaßt. Zunächst werden wichtige GKS-Funktionen, dann die 72 Unterprogramme der Unterprogrammsammlung mit ihren Parametern aufgelistet. Danach wird ein Überblick über die Erweiterungen von WATFOR-77 gegenüber dem FORTRAN77-Standard gegeben.

Bei Unterprogrammen und Funktionen ist stets die erste Zeile angegeben (ohne die Worte SUBROUTINE bzw. FUNCTION). Die Namen der Parameter folgen der FORTRAN-Konvention, das heißt mit i, j, k, l, m oder n anfangende Variablennamen bezeichnen einen INTEGER-Parameter. Felder sind durch Fettdruck und Outputparameter durch Unterstreichung gekennzeichnet.

Die Erläuterung der Bedeutung der Parameter beschränkt sich auf das Notwendigste. Für eine vollständige Erklärung wird auf das GKS-Handbuch (Yach, 1986) bzw. die entsprechenden Abschnitte in Kapitel 3 verwiesen.

Die Referenzkarten können photokopiert zum schnellen Nachschlagen während der Arbeit dienen.

WATCOM GKS 1

INSTALL FUNCTIONS

giherc(iwt) /720x348 pixels/	Install HERCULES graphics
giega15(iwt) /640x350 pixels/	Install EGA graphics mode 15
giega16(iwt) /640x350 pixels/	Install EGA graphics mode 16
gigrpr(iwt) /480x720 pixels/	Install IBM Graphics Printer
gimi(iwt,fn)	Install metafile input
gimo(iwt,fn)	Install metafile output

GKS CONTROL FUNCTIONS

gopks(0)	Open GKS
gclks	Close GKS
gopwk(iwk,icom,iwt)	Open workstation
icom=0/1 (non-metafile)	adjust workstation viewport
icom=0/1 (metafile output)	ASCII/binary
gclwk(iwk)	Close workstation
gacwk(iwk)	Activate workstation
gdawk(iwk)	Deactivate workstation
gclrwk(iwk,1)	Clear workstation
guwk(iwk,0)	Update workstaion

TRANSFORMATION FUNCTIONS

gswkvp(iwk,xl,xr,yb,yt) /in DC/	Set workstation viewport
gswkwn(iwk,xl,xr,yb,yt) /in NDC/	Set workstation window
gsvp(int,xl,xr,yb,yt) /in NDC/	Set viewport
gswn(int,xl,xr,yb,yt) /in WC/	Set window
gselnt(int)	Select NT
gsclip(icl)	Set clipping indicator
icl=0/1	clip/noclip
gqdsp(iwt,ierr,iunits,w,h,nw,nh)	Inquire display size
gqwkt(iwk,ierr,is,rwn,wn,rvp,vp)	Inquire WT
gqcntn(ierr,itr)	Inquire NT number
gqnt(int,ierr,wn,vp)	Inquire NT
gqclip(ierr,icl,vp)	Inquire clipping

OUTPUT FUNCTIONS

gpl(n,**x**,**y**)	Polyline
gpm(n,**x**,**y**)	Polymarker
gtx(x,y,txt)	Text
gfa(n,**x**,**y**)	Fill area
gca(x1,y1,x2,y2,mw,mh,ia,ja,ie,je,**ica**)	Cell array (from **gqpxa**)
ggdp(n,x,y,igdp,lin,**cin**)	Generalized drawing primitive
igdp=-1, n=2	circle
igdp=-2, n=3	circular arc
igdp=-3, n=3	ellipse
igdp=-4, n=4	elliptical arc
igdp=-5, n=1	packed pixel array (from **gesc**)
igdp=-6, n=1	paint

POLYLINE ATTRIBUTES

gsln(lt)	Set linetype
lt=1/2/3/4	solid/--/../.-
gsplci(ici)	Set polyline colour index

POLYMARKER ATTRIBUTES

gsmk(mt)	Set marker type
mt=1/2/3/4/5/-1	./+/*/o/x/
gsmksc(scf)	Set marker size scale factor
gspmci(ici)	Set polymarker colour index

WATCOM GKS 2

Fill AREA ATTRIBUTES

gsfais(ist)	Set fill area interior style
ist=0/1/2/3	hollow/solid/pattern/hatch
gsfasi(jst)	Set fill area style index
ist=2, jst=1/2	pattern, narrow/medium
ist=3, jst=1/2/3	left hatch, narrow/medium/wide
ist=3, jst=4/5/6	crosshatch, narrow/medium/wide
gsfaci(ici)	Set fill area colour index
gsparf(x,y)	Set pattern reference point

ESCAPE

gesc(iesc,lin,**cin**,mout,<u>lout</u>,**cout**)	Escape
iesc=-1, cin(1)='r'/'x'/'a'/'o'	plot mode replace/XOR/AND/OR
iesc=-2, cin(1)=iwk,mw,mh,x,y packed	pack pixel array (for **ggdp**)

PACK/UNPACK FUNCTIONS

gprec(ni,**il**,nr,**rl**,nc,**cl**,80,<u>ierr</u>,<u>lout</u>, **cout**)	Pack record (for **gesc**)
gurec(lin,**cin**,mi,mr,mc,<u>ierr</u>,<u>ni</u>,**<u>il</u>**,<u>nr</u>, **<u>rl</u>**,<u>nc</u>,**<u>cl</u>**)	Unpack record (from **gesc/gprec**)

TEXT ATTRIBUTES

gstxfp(ift,ipr)	Set text font and precision
ift=1/2	font 1/2
ipr=0/1/2	char/string/stroke
gschxp(xpf)	Set character expansion factor
gschsp(spf) /fraction of height/	Set character spacing
gstxci(ici)	Set text colour index
gschh(ht) /in WC/	Set character height
gschup(x,y)	Set character up vector
x=0., y=1./-1.	east/west
x=-1./1., y=0.	north/south
gstxp(ipath)	Set text path
ipath=0/1/2/3	right/left/up/down
gstxal(iah,iav)	Set text alignment
iah=0/1/2/3	left/left/centre/right
iav=0/1/2/3/4/5	base/top/top/half/base/bottom

READ PIXELS FROM DISPLAY

gqpx(iwk,x,y,<u>ierr</u>,<u>ici</u>)	Inquire pixel
gqpxad(iwk,x1,<u>y1</u>,x2,y2,<u>ierr</u>,<u>mw</u>,<u>mh</u>)	Inquire pixel array dimensions
gqpxa(iwk,x,y,mw,mh,ia,<u>ja</u>,ie,<u>je</u>,<u>ierr</u>, <u>iv</u>,**<u>ica</u>**)	Inquire pixel array (for **gca**)

METAFILE FUNCTIONS

gwitm(iwk,ityp,lin,1,**cin**)	Write non-graphical item to GKSM
ggtitm(iwk,<u>ityp</u>,<u>lin</u>)	Get item type from GKSM
grditm(iwk,<u>lin</u>,<u>lout</u>,**cout**)	Read item from GKSM
giitm(item,lin,**inc**)	Interpret item

Abbreviations:

DC	device coordinates
NDC	normalized device coordinates
WC	world coordinates
WT	workstation transformation
NT	normalization transformation

GKS Macros 1

GKS CONTROL MACROS

igks	Initialize GKS
cgks	Close GKS

PRINTER CONTROL MACROS

askprn(<u>ips</u>)   Inquire printer status byte
setprn(m,n)   Initialize matrix printer
  m=0 n=1/2   alpha 12/17 cpi, 6/8 lpi
  m=1 n=1   graphics 120 dpi, 9 lpi

VIDEO CONTROL MACROS

cls   Clear alpha screen
clear   Clear graphics screen
askvideo(<u>m,nc</u>)   Inquire video mode
  m=7/15, nc=80/90   alpha/graphics 80/90 cpl
setvideo(m)   Set video mode
setcolor(ic)   Set colour code
inverse(n)   Invert graphics screen
setattr(ir,ic,ia)   Set screen attribute at ir,ic
  ia=1/7/8 (129/135/136 blinking)   underline/normal/black
  ia=9/15/112 (137/143/240 blinking)   high-underline/high/inverse
askcur(<u>ir,ic</u>)   Inquire cursor position
setcur(<u>ir,ic</u>)   Position cursor at ir,ic
cursor(ic)   Set cursor attributes
setwrap(m)   Set line wrap

OUTPUT CONTROL MACRO

pmode(pm)   Set plot mode
  pm='r'/'x'/'a'/'o'   replace/XOR/AND/OR

POINT/LINE MACROS

getdot(x,y) /REAL function/   Inquire pixel
putdot(x,y,ici)   Draw point
  ici=0/1   black/white
putmk(x,y,mt,scf,ici)   Draw marker
  mk=1/2/3/4/5/6/7/8/9   ./+/*/o/x/ /o/ /
line(x1,y1,x2,y2,lci)   Draw line
  lci=0/1/2/3/4   black/solid/--/../.-
pline(n,**x,y**,lci)   Draw polyline
circle(x,y,r,lci)   Draw circle
ellipse(x,y,rx,ry,lci)   Draw ellipse
circarc(x,y,r,al,bt,lci)   Draw circular arc
ellarc(x,y,rx,ry,al,bt,lci)   Draw elliptical arc

AREA/FILL MACROS

paint(x,y,ici,ist,jst)   Fill area
polygon(n,**x,y**,lci,ici,ist,jst)   Draw/fill polygon
  ist=0/1/2/3   hollow/solid/pattern/hatch
  jst=0/1/2/3/4/5/6   see **demo3**
box(x1,y1,x2,y2,lci,ici,ist,jst)   Draw/fill box
frame(x1,y1,x2,y2,d,lci,ici,ist,jst) Draw/fill frame
disk(x,y,rx,ry,lci,ici,ist,jst)   Draw/fill disk
wedge(x,y,rx,ry,al,bt,lci,ici,ist,jst) Draw/fill wedge
ring(x,y,rx,ry,d,al,bt,lci,ici,ist,jst) Draw/fill ring
tline(x1,y1,x2,y2,d,m,lci,ici,ist,jst) Draw/fill thick line
tpline(n,**x,y**,d,m,lci,ici,ist,jst) Draw/fill thick polyline
  m=x.. 0/1   ball/flash
  m=.xx 1/2/3 (4/5/6)   round/flat/vertical (open)

GKS Macros 2

TEXT MACROS

keybd()	Test keyboard buffer
inkey(n,chr)	Read keyboard buffer
getchar(ir,ic) /CHARACTER function/	Read character at ir,ic
putchar(ir,ic,chr)	Write character at ir,ic
write(x,y,txt)	Write text at x,y (ROM font)
wrte(ir,ic,txt)	Write text at ir,ic (ROM font)
text(x,y,ift,al,ht,xpf,spf,txt)	Draw text at x,y (GKS fonts)
gothic6(x,y,spf,txt)	Draw text at x,y (GOTHIC6)
gothic8(x,y,spf,txt)	Draw text at x,y (GOTHIC8)

PICTURE MACROS

getpic(x1,y1,x2,y2,mpic,lpic,**pic**)	Read picture from screen
putpic(x,y,**pic**)	Write picture to screen
savepic(fn,**pic**)	Save picture to disk
loadpic(fn,**pic**)	Load picture from disk

METAFILE MACROS

ometa(fn)	Open GKS metafile for output
cmeta	Close GKS metafile
rmeta(fn)	Read and execute GKS metafile

3D MACROS

workbox3d(vd,al,bt,scf,m)	Establish/draw 3D workbox
window3d(xl,xr,yl,yr,zb,zt)	Set 3D window
trans3d(x,y,z,xp,yp)	Transform 3D coordinates to 2D
putdot3d(x,y,z,ici)	Draw 3D point
line3d(x1,y1,z1,x2,y2,z2,lci)	Draw 3D line
pline3d(n,**x,y,z**,lci)	Draw 3D polyline
polygon3d(n,**x,y,z**,lci,ici,ist,jst)	Draw/fill 3D polygon
box3d(x1,y1,z1,x2,y2,z2,lci,ici,ist,jst)	Draw/fill 3D box
dsort3d(m,np,**ip,id**,n,**x,y,z**)	Depth sort of 3D polygons
surface3d(z)	Draw 3D surface of function z
grid3d(n,m,xa,xe,ya,ye,**z**)	Draw 3D grid of points **z**(n,m)

DATE/TIME MACROS

date(iy,im,id,iw)	Inquire system date
time(ih,im,is,ihs)	Inquire system time

RANDOM NUMBER MACROS

rnd() /REAL function/	Random number generator
setrnd(i)	Initialize **rnd**
i=n/0	seed n/seed from **time**

SORT MACROS

isort(n,**iz,ind**)	Sort INTEGER numbers
rsort(n,**rz,ind**)	Sort REAL numbers
csort(n,**sf,ind**)	Sort CHARACTER fields

GEOMETRY MACROS

angle(x1,y1,x2,y2)	Angle of line in radians
sll(x1,y1,x2,y2,x3,y3,x4,y4,n,xs,ys)	Intersection line/line
slc(x1,y1,x2,y2,xm,ym,r,n,xs,ys,xt,yt)	Intersection(s) line/circle

DOS MACRO

dos(cmd)	Execute DOS command or program
cmd=command	command or program name

WATFOR-77 Extensions

PROGRAM CONTROL STATEMENTS

```
loop ... end loop                        loop
loop ... until (e)                       loop until e
while (e) do ... end while               do while e
while (e1) do ... until (e2)             do while e1 until e2
while (e) stmt                           do stmt while e
do i=ia,ie,inc ... end do                do loop
select (i) from ... case (i1)            select case matching i
  ... otherwise ... end select
quit                                     exit control structure
:label                                   block label
```

INLINE PROCEDURE STATEMENTS

```
remote block rb ... end block            define inline procedure rb
execute rb                               execute inline procedure rb
```

FORMAT SPECIFIER

```
$ or \                                   screen output without CR/LF
```

OPEN STATEMENT

```
open(u,a,b,c)                            sequential, formatted
  u = unit                                 FORTRAN unit number
  a = file='(d)fn'                         disk file fn
      file='CON'                           terminal
      file='NUL'                           dummy file
  b = status='OLD'/'NEW'/'SCRATCH'         old/new/temporary file
    (default 'UNKNOWN')
  c = blank='ZERO'                         blank in numeric fields zero
  d = r                                    maxrecsize r (default 80)
open(u,e,f,b)                            sequential, unformatted
  e = file='(F/V:d)fn'                     record format F/V,
  f = form='UNFORMATTED`                   binary records
open(u,a,g,h,b)                         direct access, unformatted,
  g = access='DIRECT'                      direct access
  h = recl=r                               fixed recsize r
open(u,a,g,i,h,b,c)                     direct access, formatted,
  i = form='FORMATTED'                     ASCII records
open(u,j)                               file with carriage control
  j = file='(C:d)f'                        disk file fn
      file '(C:d)PRN'                      printer
```

DOS SET (only EXE files)

```
set u=f                                  preconnect file f to unit u
set f1=f2                                redirect file f1 to file f2
```

WATFOR77 SUBROUTINE LIBRARY

```
intr(i,r)                                execute software interrupt
  i = interrupt number (I*2)               interrupts 16/19/23/33
  r = array of registers (I*2)             AX,BX,CX,DX,BP,DI,SI,ES,DS,flg
parm(c)  /INTEGER function/              obtain DOS command line
  c = command line                         function returns length
urand(iseed)  /REAL function/           random number between 0 and 1
fork(s,c)  /INTEGER function/           Execute DOS command line
  s = e.g. 'COMMAND.COM'//char(0)          command specifier
  c = char(3+len(cmd))//'/c'//cmd          argument for command cmd
dosenv(s,a)                             Obtain DOS environment string
  s = 'COMSPEC'/'PATH'/'PROMPT'/...        search string
  a = environment argument                 e.g. 'COMMAND.COM'
```

8 Stichwortverzeichnis